MarCom Mode

マーコム・モード論

岩本 俊彦 著
Toshihiko Iwamoto

学文社

はじめに

「マーケティング」という言葉がファッション誌や情報誌にも（ティーン雑誌も含めて*）特段の注釈，但し書きもなく使用されるようになり，企業（組織）が展開するマーケティング活動（の特質や問題点等にも）に目が向けられることが少なくない状況になってきた。しかし，マーケティングの基本コンセプトや主要な手法は，第二次世界大戦を経て，経済状態を反映して変移し，ビジネス活動の輻輳化にともなって事業領域（domain）が広がり，IT技術を駆使した顧客のニーズの把握及びニーズへの対応，ライフスタイルの提案などの新たな視角から，マーケティングの精緻化のための論議が繰り広げられている。しかし，そうした行為はマーケティングの全体像をつかみづらくし，特定の一面（e.g.販売促進；歴史的には，わが国では市場調査に重きがおかれたこともある）にだけスポットを当てて論議しがちなことや無用な消費の創出への論議とともに，かなり以前から指摘されてきたことである。マーケティングのコンセプトやフィロソフィが曖昧で流動的であると認識されることで，非営利組織のマーケティングをはじめ，多くのインターディシプリナリーなインヴォルブメントを促してきているが，包括的，網羅的，系統的な把握の困難さをイメージさせる結果となっている。

　本書では，マーケティングを，市場を基軸とした交換活動を顧客中心主義（customer centrality）の視点から整理し，組織内における意思決定の出発点として捉え，マーケティング・コミュニケーションの多様なスタイルを論じたものである。AMA（American Marketing Association）の定義にもみられるように，現在のマーケティングは顧客価値の創出（creating）とコミュニケーション，伝達（delivering）に力点が置かれている。

　「コミュニケーション」は意思を通じ合う日常の生活の一部であるが，マーケティング実践のフェーズからコミュニケーションをみると，新たな特性が浮かび上がってくる。街なかは記号にあふれ，製品には意味が込められ，テーマ・パークはストーリーやシンボルが設定され，それらが固有の存在意義となる差

異の源泉となっている。

　コミュニケーションのパターン (e.g. 非言語コミュニケーションや接触のないサイレント・コミュニケーション等) や情報の受発信の方法も多様化 (e.g. C.G.M. 等) し，情報の取捨選択や優先順位付けのための情報も必要なくらい情報が氾濫している。商業的視点がからむと，信憑性，信頼性，妥当性，蓋然性 (客観性) をめぐって，オピニオン・リーダーやグル (guru：指導者)，達人のアドバイスも必要になり，レファレンス・グループ (reference group) の強い影響下にあるようなプロダクト (ゴルフ・クラブ，ヨットのような家庭外で使用する高級品) も浮かび上がってくる。

　いったん，評価の確立したブランドは手堅い，あるいはゆるぎない指標となる (反面，簡単に崩壊する事例もある)。それはライフスタイルの変化や時代の空気 (思潮) などの影響を受けながらも，受け継がれた魅力は当該カテゴリーの一定の基準，指針にもなる (環境政策分野では，カテゴリーで最高の環境配慮性能のプロダクトを開発基準とするトップランナー制度が敷かれているが，こうした基準は技術の進歩や競合状態によって浮動する)。

　広範で市場の動きに敏感に対応しようとする姿勢をもつが故のばく然とした曖昧さを拭えないマーケティング活動に，評価が個人に依存しがちなコミュニケーション活動を結び付けると，一層，全体像 (固有の領域) が不明瞭になり，アイデンティティが希薄になる可能性も否定できない。しかし，相互に連関する領域，背後のバックボーンは有効活用できる，長期間にわたって構築されたインビジブルな資産である。情報氾濫時代の，セグメントやターゲット，ポジショニングを考慮した，効率的，効果的で，ストレス・フリーのコミュニケーション (・システム) の構築，WOM (word of mouth)，Buzz (あるいはヴァイラル・マーケティング) への対峙 (対応)，説得と交渉等を討議すると，基底となるマーコム (マーケティング・コミュニケーション) のデザイン (設計・構築) の検討は不可避であり，継続的にリフレッシュされなければならない。

　マーケティングをめぐる説得と交渉も情報コミュニケーション技術の進展とともに一層注目を集めることとなっている。コミュニケーション・ツールは多

様化した反面，コミュニケーションが簡単ではない時代環境にあって，説得と交渉は一定の知見や経験を必要とするが，購買意思決定にかかわるマーケティングの側面（消費生活）だけでなく，日常生活を豊かにするために多くの場面でも繰り広げられ，行動や周辺環境に多大の影響を与えている。

　本書はマーケティングの論理，マーケティング・コミュニケーション（マーコム）のモード（様式），フレームワークについてとりまとめたものである。マーケティング分野は今日，極めて広範になり全体像がつかみづらいが，マーケティング行動の基底，特質を学習する人たちや，多様な学識が求められる消費生活アドバイザーをはじめとして，消費生活に関する意思決定に携わり，適正な選択が行えるよう支援する人たちにも本書を読み進めていただけると幸いである。

　マーコムを取りまとめるにあたり，日頃からアドバイスや励ましをいただいている早稲田大学商学学術院教授武井寿先生，嶋村和江先生にお礼申し上げます。

　「長い下り坂時代」を迎え，経済環境が厳しいなか，快く出版をお引き受けいただいた学文社田中千津子さんにもお礼申し上げます。

　平成23年8月31日

岩本　俊彦

---

*　『プチseven』（1993 no.9，1994 no.9，1995 no.9，1996 no.9，1997 no.9，1998 no.9，1999 no.9など「マーケティングレポート」小学館；93年には女子高生1万人のモニターが95年にはティーン3万人に拡大，99年には読者2万人の「人気モノ」が紹介されている），『JJ』（「'98私たちのマーケティング白書」1999 January　光文社）など。

◇❖◆ 目　　次 ◇❖◆

　おわりに　　i

第1章　コミュニケーションの現代的意義 ·················· 1
　　1．コミュニケーションの概念的枠組み　1
　　2．コミュニケーションのスタイル　2
　　3．情報過多時代のコミュニケーション　4
　　4．リドル・ストーリー　6

第2章　消費社会のコミュニケーション ···················· 8
　　1．消費社会の形成　8
　　2．消費形態論　9
　　3．消費社会への課題　10

第3章　差異化時代のコミュニケーション ·················· 13
　　1．差異の識別　13
　　2．差異の伝達　15
　　3．差異の受容　16
　　4．キャラクター・コミュニケーション ················· 19
　　5．差異化の進展　20

第4章　記号的コミュニケーション ························ 25
　　1．記号と差異　25
　　2．リーダーシップの法則　26
　　3．標準化と差異化　29
　　4．ポストモダン・マーケティング　30

第5章　カラー・コミュニケーション ······················ 33
　　1．色彩のモダリティ　33
　　2．配　　色　35
　　3．色彩と形態　38
　　4．色彩の伝達　40

第6章　説得のコミュニケーション ·· 44
　　1．アカデミック・マーケティング　　44
　　2．説得のプロセスとキーワード　　46
　　3．比較広告　　48
　　4．ヴィジュアル・コミュニケーション　　49

第7章　マーケティング・コミュニケーション−1 ··························· 54
　　1．マーコムのミックス発想　　54
　　2．ヴァリュー・プロポジション　　56
　　3．インタラクティブ・マーケティング　　57
　　4．WOMマーケティング　　58

第8章　マーケティング・コミュニケーション−2 ··························· 61
　　1．消費者の意思決定プロセス　　61
　　2．消費者反応モデル　　62
　　3．マーコム・スペクトラム　　63
　　4．プライス・コミュニケーション　　64
　　5．経験価値マーケティング　　66

第9章　プロモーショナル・コミュニケーション ··························· 70
　　1．PLC別対応　　70
　　2．市場地位別対応　　72
　　3．ライフスタイル別対応　　73

第10章　広告コミュニケーション ·· 76
　　1．広告戦略　　76
　　2．広告のタイプと特性　　77
　　3．メディアとメッセージの選択　　78
　　4．ターゲット広告　　81
　　5．デジタル・サイネージ　　82

第11章　デ・マーケティング・コミュニケーション ······················· 85
　　1．マーケティング・タスク　　85
　　2．デ・マーケティング（De Marketing）のコンセプト　　87
　　3．ラテラル・シンキング　　88

第12章　デフェンシブ・コミュニケーション ……………………………… 93
　1．デフェンシブ・アクション　93
　2．デフェンシブ・コミュニケーションの背景　94
　3．SWOT分析　96
　4．ブルー・オーシャン戦略　98

第13章　「スター」のコミュニケーション …………………………………… 101
　1．BCGの提示　101
　2．「スター」のコミュニケーション　103
　3．コア・コンピタンス　104
　4．ドメインの設定　105
　5．マーケティング・マイオピア　106

第14章　ブランド・コミュニケーション−1 ………………………………… 109
　1．ブランドの重要性　109
　2．ブランド戦略　110
　3．ブランドの構成要素　112
　4．計画の陳腐化政策　114

第15章　ブランド・コミュニケーション−2 ………………………………… 116
　1．ブランド・ネーム　116
　2．グラフィック表現　118
　3．ブランド・リレーションシップ　120
　4．セールス・プロモーション　121

第16章　プロダクト・コミュニケーション−1 ……………………………… 124
　1．プロダクトの概念　124
　2．ドミナント・デザイン　125
　3．アフォーダンスの視角　128
　4．アクセシブル・デザイン　129

第17章　プロダクト・コミュニケーション−2 ……………………………… 133
　1．サービスの特性　133
　2．サービス・マーケティングの戦略　135
　3．サービス・クオリティ　136

第18章　テーマ・コミュニケーション……………………………140
1．テーマの訴求と経験管理　140
2．TDR（東京ディズニーリゾート）　142
3．混雑管理とインヴォルブメント　144
4．和菓子のコミュニケーション　145

第19章　環境コミュニケーション………………………………148
1．循環型社会形成の推進　148
2．環境コミュニケーションの態様　150
3．環境配慮情報の提供　152
4．コーズ・リレーテッド・マーケティング　153

第20章　都市空間のコミュニケーション………………………157
1．都市の集客装置　157
2．つくば市の景観計画　159
3．エリア・マーケティング　162
4．非営利組織のマーケティング・コミュニケーション　163

第21章　関係性管理時代のコミュニケーション………………167
1．CRM　167
2．関係性マーケティングの領域　168
3．顧客の差異化　169
4．学習する組織のコミュニケーション　171

おわりに　174

索引　179

第1章 コミュニケーションの現代的意義

1．コミュニケーションの概念的枠組み ◇◇◇◇◇◇◇◇◇◇◇◇◇◇◇◇

　コミュニケーションとは，ラテン語の「共通の」を意味する comunis，「共有」を意味する communico に由来するものであり，主体間に共通性を生みだすことである。換言すれば，送り手 (sender) と受け手 (receiver) の思考の共通性，単一性を創造，樹立する過程と捉えることができる (Delozier [1976])。

　送信者から受信者までの基本的なコミュニケーション・モデルとしては，次のようなプロセスが描ける (図表1-1)。

　基本モデルのコミュニケーションでは，発信源 (源泉 resource) でメッセージがエンコード (encode 記号化) され，受信者でデコード (decode 解読) される。その過程においてノイズが発生し，幾分かはそうしたリアクションが発信者に

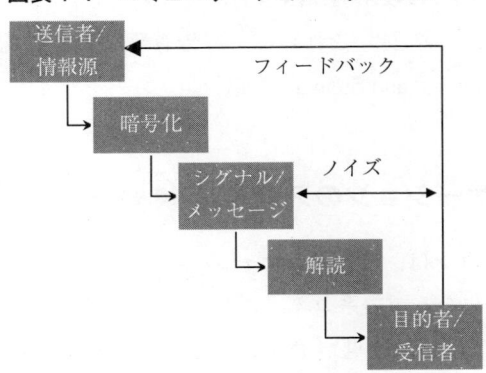

図表1-1　コミュニケーションのプロセス

```
送信者/情報源 ──────── フィードバック ─────┐
   │                                          │
   ↓                                          │
  暗号化                                      │
   │                                          │
   ↓                                          │
 シグナル/    ←── ノイズ ──→                 │
 メッセージ                                   │
   │                                          │
   ↓                                          │
  解読                                        │
   │                                          │
   ↓                                          │
 目的者/受信者 ───────────────────────────────┘
```

出所：Fill [1995] p.14. (一部，省略)

フィードバックされる。こうした過程で，伝達の媒体においてさまざまなノイズが発生する（Delozier［1976］）。

ノイズの発生は，競合者に起因するだけでなく，メッセージは相互に共有する領域（mutually shared field）であり（［Webster, Jr.［1971］），受信者の経験や周囲のアドバイスが，発信側からみてノイズになる可能性も少なくない。ノイズの完全な排除は厳しいため，ノイズ・リダクション（削減：reduction）が重要な課題になる。

コミュニケーションのための意思決定では，ノイズ管理のほかに，以下のような管理項目がある。

1）コミュニケーションの方針とターゲット・オーディエンスの確立
2）メッセージ内容とトーンと発信のタイミング，チャネルの選定（発信モジュールの管理）
3）コミュニケーション効果の測定（受信モジュールへの対応）

コミュニケーションの方針，目的は，全体の流れを方向づける枠組みである。メッセージの内容，トーン，発信のタイミングは，メディアの多様化で，組み合わせやウェイトの点で，差異化が図られる。

効果測定は，指標の選定などで成果が分かれるが，管理上は欠かせないプロセスである。効果は，最終到達のオーディエンスに直接的に評価を求めることもあるが，より詳細には段階別，階層的にとらえて分析される（たとえば，Palda［1966］：O'Brien［1971］）。これらは，広告管理の態様にも通底するものである（たとえば，Lavidge and Steiner［1961］）。

2．コミュニケーションのスタイル

コミュニケーションは，音声メッセージ（話し言葉），非音声メッセージ（書き言葉，手話）からなる言語系コミュニケーションと非言語系コミュニケーションに分けられてきた。しかし，両者の区分を行うのは必ずしも，有益ではない。相互補完の関係に立つことも少なくない。

アルファベットなどで主流をなす表音文字にたいして，世界の文字のなかで稀有な存在の表意文字の一つに漢字がある。ヒエログラフ（hieroglyph）も表意文字である。メールの絵文字，交通看板もこの範疇に入ることになる。絵文字には 15 世紀以前にメキシコ高原に文明を開いたアステカの文字もあげられる。

造字の基本形のひとつである象形文字は，山，川，目のように事物を絵画風に線書きしたものであるが，象形文字の組み合わせである会意文字（木，木，木＝森など）のほうが，象形文字より構成比は高い。しかし，両者で漢字全体の 2 割弱を占めている。現在の漢字の 8 割以上を占める形声文字は，意味を表す文字（義符）と音を表す文字（声符）を組み合わせたもの（飯，製など）である。

一方，特定の人たちにしか解読できない特殊な文や記号が暗号であり，広義の秘密通信である（一松 [1980]）。暗号化とは，箱のなかにメッセージを入れ，鍵をかけるようなものであり，平文（plain text ＝受信者に伝えるべきメッセージ）が鍵を使用して暗号文（cypher text）に変換される（Kippenhahn [2001]）。暗号作成，解読を研究する学問は暗号学（cryptology）である（Kippenhahn[2001]）。[1]
ヒトラー政権下で使用されたエニグマ，日本陸軍のパープル，アメリカのハリゲン暗号機は，暗号機の黄金時代を築いたが，戦後，コンピュータによる暗号の新時代に入る（Kippenhahn [2001]）。暗号機は 15 世紀のイタリアまで遡ることができ，南北戦争の暗号円盤の精巧な電気版がエニグマ（＝謎）暗号機である（Singh [1999]）。

秘匿暗号法（steganography）は，秘密の情報が隠されていることが第三者の目にはわからないようにしてメッセージを伝達するものである（Kippenhahn [2001]）。

ダン・ブラウン（Dan Brown）の『ダ・ヴィンチ・コード』（Da Vinch Code）やわが国の情報処理試験の必須事項の DES には，暗号をめぐる興味，暗号文を平文に再変換する方法などの知識なくしては，とりくめない。

『ダ・ヴィンチ・コード』では，女性のフランス司法警察の暗号解読課，解読官（un agent du Departement de Cryptographie, cryptographer）Sophie Neveu が 9 章以降で登場し，主人公を助ける（Brown [2003]）。他の作品でも，NSA

の暗号解読課（crypto）が描かれ，国家レベルの暗号への関与を扱っている（Brown［1998］）。

DES（Data Encryption Standard）は，NSA（National Security Agency＝国家安全保障局）のアドバイスを受けて1977年に採用された米国政府の暗号方式で，公開鍵として，広く使用されているが，国際標準暗号にはなっていない。情報化時代にあっては，暗号は，軍事・外交用と異なり，不特定多数の間で利用されることになる。

NSAは，エシュロンによって疑わしい言葉を集めて辞書を作り，通信文を解読して，国家の敵に関する情報収集を行っている（Singh［1999］）。ポストDESとしてAES（Advanced Encryption Standards）が検討されている（辻井［1999］）。

歴史をさかのぼると，連合艦隊司令長官山本五十六によって連合艦隊の全部隊にモールス信号で1941年12月2日に送られた「新高山登レ一二〇八」は暗号電信である。しかし，一二〇八は暗号化されていない。同年12月8日の，日本海軍航空隊の淵田美津男中佐が発信した「ト・ト・ト」は「全軍突撃セヨ」，「トラトラトラ」は「ワレ奇襲ニ成功セリ」などが知られている。しかし，暗号はすでにアメリカによって解読されていたとの説もある（吉田［1998］）。日本海軍の攻撃標的であるAFがミッドウェーであると解読され，1942年6月3日から5日まで繰り広げられたミッドウェー海戦は敗北を喫した。

これらは隠語としても捉えられている。隠語は特別な集団で使われる特別な語，あるいは普通の後に付した特別な意味である（一松［1980］）。

暗号は，限定的コミュニケーションの典型スタイルである。

3．情報過多時代のコミュニケーション ◇❖❖❖❖❖❖❖❖❖❖❖❖❖❖❖◆

情報化時代とは，情報がもっとも価値のある商品となる脱工業化時代である（Singh［1999］）。現代においては，情報発信の活発化，コミュニケーション・ツールの多様化にともない，氾濫する情報を取捨選択，スクリーニング，関連

付け，順序づけの情報も必要になる。情報が適正か，安全かも確かめることが求められる。

デジタル・テクノロジーはコミュニケーションを支援する一方で，傍受される恐れも生み出している。PGP (pretty good privacy＝ほぼ完全なプライバシー)を考慮して，鍵の配送問題を解消する RSA 暗号が提案されている（Singh [1999]）。情報を単体では活用し，評価できない状況が発生している。

商品特性や新規性，独自性などが広告等によって刺激となり，購買（さらには反復購買）や好印象（好意）形成などの反応につながるという，受動性の強い意思決定のフローが当初，想定された（Howard and Sheth [1969]）。

続いて，刺激の領域に着目して，能動的な消費者をイメージした情報処理を行う消費者モデルが登場する（Farley and Ring [1970]; Bettman [1979]）。情報収集し，集約・選択し，購買の意思決定に結びつける消費者の情報処理能力の高さが問われることになる。

問題が認識され，解消・緩和の方策が描ければ，情報処理のステップで関与の高低でルートが別れる。高関与であれば，詳細で専門的な情報が欠かせないが，低関与であれば，逆に，イメージ優先の感覚的情報が受け入れやすい。

また，皮肉な状況も生じている。帝都高速度交通営団（当時）の半蔵門線は，1978 年に渋谷─青山一丁目が開通し，永田町，半蔵門と区間が延び，1989 年には三越前にまで到達した。半蔵門線は当初から東急田園都市線が乗り入れており，東急が三越の名前を読み上げることになる。渋谷東急のほかに日本橋東急（1999 年には閉店し，現在は商業ビルのコレドに新装）があり，駅名の重さが論じられた経緯がある。三越前駅は，三越の費用負担で設置されたものであり，これ以外には，民間企業関連の名称の駅はない（丸ノ内線・南北線の後楽園は庭園の後楽園と解釈する）。

太平洋戦争中の新聞・雑誌の大政翼賛会に迎合した標語の掲示（「贅沢は敵だ」昭和 15 年国民精神総動員本部，「欲しがりません，勝つまでは」など）などは戦時下の所産であるが，情報操作（秘匿や誇大化，矮小化，デマゴーグの仕掛け等）も公然とは論議されにくい。

4．リドル・ストーリー

　リドル・ストーリー（riddle story）とは文字通り，謎をかける物語であり，結末は読者の想像にゆだねられている物語をいう。

　有名な，米国の19世紀末に活躍したストックトン（Franck R. Stockton）の『女か虎か』では，結末が明かされず，登場人物が互いの気持ちが推し量れないことが問題となる（たとえば，山口［2007］）。ストーリーとしては，恋仲であった男女が破局後，相手を助けるために耳打ちした内容が，真のアドバイスか，あるいはそうではないのか，裏，裏の裏も含めていくつかの組み合わせが想定されるというものである。組み合わせによっては悲惨な結果が待ち受けているが，当人がどのように考え，どの選択肢を選択するかは，読者がいかようにも推察できる。

　伝達内容を相手がどのように受け止めるかは不明で，それを想定して，伝達の仕方を工夫することは，日常でも起こりうるが，解釈の余地があると適切ではない場合もある。

　東京メトロ半蔵門線の半蔵門駅に，切符は目的地まで経由地を正しく購入しましょうという表示が2010年まであった。この表示の意味は，東京周辺の交通網が整理されて頭に入っていないと，伝わらない。多くの乗客には意味が伝達されていないのではないか。

　半蔵門―北千住区間は，東武北千住―東武押上間をへて半蔵門へ到達するルートと日比谷線北千住―茅場町で東西線乗り換え九段下で半蔵門線に乗り換え（もしくは銀座で銀座線に乗り換え赤坂見附で半蔵門線永田町乗り換え，さらには銀座で丸ノ内線に乗り換え大手町で半蔵門線乗り換えなど）ルートなど複雑だが，東京メトロだけの到達ルートがある。時短ルートでもあり，東京メトロの切符を買えば東武伊勢崎線の利用運賃が回収されないことになる。ICカード（PASMO，SUICA）では最安料金を徴収することになっているため，こうした事態が生じている。

　他方，手旗信号やモールス信号は，内容は正確に伝えられる。しかし，その内容をそのまま受け止めていいかどうかは，周辺状況を加味して，分析するほ

かはない。

・・・・・・・・・・・・・・・・・・・・・・・・・・・・・・

注

1）英語では暗号法を cyptography，暗号文を cipher として区別している（一松［1980］）。トヨタはかつてコクヨなどの異業種との連携ブランド WILL シリーズで，得意なスタイリングのコンパクトカー，ウイル，サイファーを市場投入していた。

参考文献

Bettman, J. R. [1979] *An Information Processing Theory of Consumer Choice*, Addison-Wesley.（馬場房子訳［1989］『消費者心理学』白桃書房）
Brown, Dan [1998] *Digital Fortress*, St. Martins Press.
――[2003] *The Da Vinci Code*, Corgi.
Colley, Russell H. [1962] "Squeezing the Waste Out of Advertising," *Harvard Business Review*, September-October, pp. 76-88.
Delozier, M. Wayne [1976] *The Marketing Communication Process*, McGraw-Hill.
Farley, J. U. and L. W. Ring [1970] "An Empirical Test of the Howard-Sheth Model of Buyer Behavior," *Journal of Marketing Research*, November, pp. 11-22.
Fill, Chris [1995] *Marketing Communications*, Prentice-Hall.
Howard, John A. and Jagdish N. Sheth [1969] *The Theory of Buyer Behavior*, John Wiley and Sons.
Kippenhahn, Rudolf [1997] *Code Breaking,* Doubleday.（赤根洋子訳［2001］『暗号攻防史』文芸春秋）
Lavidege, Robert J. and Gary A. Steiner [1961] "A Model for Predictive Measurement of Advertising Effectiveness," *Journal of Marketing*, October, pp. 59-62.
O'Brien, Terrence [1971] "Stage of Consumer Decision Making," *Journal of Marketing Research*, August, pp. 283-289.
Palda, Kristian S. [1966] "The Hypothesis of a Hierarchy of Effects: A Partial Evaluation," *Journal of Marketing Research*, February, pp. 13-26.
Singh, Simon [1999] *The Code Book,* Anchor books.（青木薫訳［2007］『暗号解読』（上・下）新潮社）
Webster, Jr., Frederick E. [1971] *Marketing Communication*, Roland.
一松信［1980］『暗号の数理』講談社
辻井重男［1999］『暗号と情報社会』文芸春秋
山口雅也［2007］『山口雅也の本格ミステリー・アンソロジー』角川文庫
吉田一彦［1998］『暗号戦争』小学館

第2章 消費社会のコミュニケーション

1. 消費社会の形成

　消費社会論の系譜をたどると，ヴェブレン（Veblen, T. B.）の衒示的消費までさかのぼり，リースマン（Riesma, D.）の他人志向型人間，ガルブレイス（Galbraith, J. K.）の依存効果（dependence effect）モデル，ボードリアール（Baudrillard, J.）の記号的消費があげられ，文化社会学の視点から，その展開を分析することができる（吉見［1996］）。

　ヴェブレンは，消費財は使用価値をもつと同時に社会的地位を表現する記号でもあると述べている（Veblen［1961］［1998］）。

　ガルブレイスは産業，企業が消費者の欲望（wants）を生み出しているという依存効果を説いた。デューゼンベリー（Duesenberry）のように，豊かな社会では，財貨は体裁の象徴としての役割しかもたないとまではいわないが，近代的な宣伝（advertising）と販売員（salesmanship）は，生産と欲望（wants）はいっそう直線的に結びつけられるとする（Galbraith［1984］）。[1]

　消費者の欲望は生産システムに依存し，消費者の見栄に由来する部分もあるが，意図的に作り出されているとの主張である。ケインズは有効需要の創出を唱え，経済システムにおける消費の役割の大きさを描きだし，ボードリアールはその著書（*La societe de consummation*）において，消費されるものになるためには記号化されることが必要と述べ，記号的差異化の現状を説き明かしている（Baudrillard［1970］）。

　リースマンは，ボードリアールにも引用されているように，今日，最も求められているのは，機械，財産，仕事ではなく，個性であるという（Baudrillard

［1970］)。

消費社会とは，生産よりも消費に基軸を置く社会であり，新たな流通システムやマーケティング政策や戦略の興隆とともに広がり，消費社会の広がりの過程で，社会のニーズと個人のニーズの対比を検討することを通じて，深化をみせている。

2．消費形態論

消費スタイルは，時代の経済環境，時代の空気（思潮）の影響を受けている。代表的な消費スタイルをとりあげてみよう。

階層消費は，1970年代の後半以降，個人間の所得格差が拡大し，個人資産の大小が個人のライフスタイルや消費に与える影響力が強くなったことをベースにしている（小沢［1985］［1989］)。高級品市場と大衆品市場のような階層分化が生じ，スケールメリットの情報メリットの大衆消費時代と新「階層消費」時代の対比が提示されている（小沢［1985］［1989］))。

マス・コミや大量の広告を活用した大衆の動員を図る時代が終わり，自らの感性に従って自由な商品選択を行い，短いサイクルで流行が入れ替わる「少衆」の時代の到来が説かれている（藤岡［1984］)。

ポスト大衆消費社会をみすえて，定点観測から，ニュープア，ニューリッチが登場して，分割された大衆である「分衆」が生まれることが指摘されている（博報堂生活総合研究所［1985］)。大衆が分化した「小衆」には脱大衆時代のニューマーケティング戦略が求められ，面白さ，こだわり，感動・興奮などをキーワードとした市場への取り組みが必要となる（平島［1985］)。

成長する都市型市場に着目した『都市型マーケティング戦略』(田中［1985］)はカルチャー・マーケティングにも立脚している（田中［1980］)。

『感性消費　理性消費』(電通マーケティング戦略研究会［1985］)は，ライフ・トレンドを分析しながら，生活者を感性型人間と理性型人間に二分し，感性型商品と理性型商品を浮かび上がらせ，心象風景を読みながら感性を捉える戦略，

シーン・マーケティングの重要性を説くものである。

『「幸せ」消費の時代』（油谷［1986］）は，豊かな時代のマーケティングを構築するために，「幸福」「感動」などの心の問題に深く踏み込む必要性を説く。

『「豊熟」消費』（電通総研［1989］）は，ランクアップをめざす生活者が増大し，豊かで洗練されたライフスタイルとリンクする「リッチ＆クオリティ」を求める消費スタイルにも注目が集まる。

消費者，生活者の階層化のなかで，『変わる消費社会』，下流社会や『カーニヴァル化する社会』（鈴木［2005］）『わたしたち消費』（鈴木，電通消費者研究センター［2007］），『20代・ハッピー☆パラサイトの消費のチカラ』（牛窪［2007］），『男が知らない「おひとりさま」マーケット』（牛窪［2007］）など，階層論では説明できない消費動向分析の分析軸として「鏡衆」という概念が電通から提示されており，依然として，消費形態を巡る論議は活発である。

3．消費社会への課題

消費社会は，上述のような多様な側面をみせながら，一方で対処し難い，大きな課題も抱えるようになっている。対応する目標はステージ別に，以下のようにまとめることができる。

現代の消費社会においては，もはや個人のニーズだけに焦点を当てられているわけではない。個人のニーズを考慮に入れながらも，社会全体のベネフィッ

図表2-1　新たなマーケティングの方向性

	焦点	方法	目標
生産	製品	低価格／効率生産	高い売上高を通じた利益
販売	売り手のニーズ	プロモーション	高い売上高を通じた利益
マーケティング	消費者のニーズ	統合型マーケティング	顧客満足を通じた利益
ソサイエタル・マーケティング	社会のニーズ	統合的・社会的に責任あるマーケティング	社会的制約のなかで顧客満足を通じた利益

出所：Bennett［1988］p.14.

トを追求しなくてはならない。現在は，環境配慮や公正な商取引（フェア・トレード），国際的な協調体制など，社会的制約を通じた顧客満足の最大化が検討されることになる。

・・・・・・・・・・・・・・・・・・・・・・・・・・・・・・・・・・・・・

注
1) 相対所得仮説を打ち出したデューゼンベリーは，消費が社会的環境によって支配されることを明らかにしている。高い消費水準に向かわせる衝動が消費者にあるとして，生活水準を比較し，劣位の場合は不満が生じ，それを排除するために消費が行われると説く（Duesenberry, James S.［1949］*Income, Savings and Theory of Consumer Behavior*, Harvard University Press.（大熊一郎訳［1975］『所得・貯蓄・消費行為の理論（改訳版）』巖松堂））。

参考文献
Baudrillard, Jean［1970］*La Societe de consummation*, Folio essays.
Bennett, Peter D.［1988］*Marketing*, MacGraw-Hill.
Featherstone, Mike［1991］*Consumer Culture and Postmodernism*.（川崎賢一他訳［1999］『消費文化とポストモダニズム』恒星社厚生閣）
Galbraith, John Kenneth［1984］*The Affluent Society*, Houghton Mifflin Company.
Katona, G.［1964］*The Mass Consumption Society*, McGraw-Hill.（社会行動研究所［1966］『大衆消費社会』ダイヤモンド社）
Riesman, David［1960］*The Lonely Crowd*, Yale University Press.（加藤秀俊訳［1964］『孤独な群集』みすず書房）
――［1964］*Abundance for what?, and Other Essays*, Doubleday.（加藤秀俊訳［1968］『何のための豊かさ』みすず書房）
Packard, Vance［1960］*The Waste Makers*, David McKay.（南博，石川弘義訳［1961］『浪費を作りだす人々』ダイヤモンド社）
Rostow, W.W.［1960］*The Stage of Economic Growth*, Cambridge University Press.（久保健他訳［1961］『経済成長の諸段階』ダイヤモンド社）
Veblen, Thorstein B.［1960］*Theory of the Leisure Class*, Macmillan.（小原敬武訳［1961］『有閑階級の理論』岩波書店；高哲男訳［1998］『有閑階級の理論』筑摩書房）
油谷遵［1986］『「幸せ」消費の時代』PHP研究所
牛窪恵［2007］『20代・ハッピー☆パラサイトの消費のチカラ』PHP研究所
――［2007］『男が知らない「おひとりさま」マーケット』日本経済新聞社
小沢雅子［1985］『新「階層消費の時代」』日本経済新聞社

――[1989]『新「階層消費の時代」』朝日新聞社
菅原真理子［1991］『変わる消費社会』NTT出版
鈴木謙介［2005］『カーニヴァル化する社会』講談社
――・電通消費者研究センター［2007］『わたしたち消費』幻冬社
田中利見［1980］『カルチャー・マーケティング』ビジネス社
――［1985］『都市型マーケティング戦略』ビジネス社
電通総研［1989］『「豊熟」消費』日経マーケメディア
電通マーケティング戦略研究会［1985］『感性消費　理性消費』日本経済新聞社
博報堂生活総合研究所［1985］『「分衆」の誕生』日本経済新聞社
平島廉久［1985］『「小衆」をつかむ』日本実業出版社
藤岡和賀夫［1984］『さよなら，大衆。感性時代をどう読むか』PHP研究所
吉見俊哉［1996］「消費社会の系譜と現代」井上俊他『デザイン・モード・ファッション』所収　岩波書店

第3章 差異化時代のコミュニケーション

1．差異の識別

　差異が創造され認識されるためには，比較対象，フレーム（frame：準拠枠）が重要になる。それらは当該関連領域にとどまらず，不明瞭で，意識下のイメージの場合もある。

　たとえば競馬場のパドックで，馬の気配を把握するには，一定の知識が求められる。遮眼革やシャドーロール，チークピーシーズ，騎手の拍車（spur）などの有無，鞍の位置などは，経験によって，周回の過程でもチェックできるようになる。

　グレード（grade），格付け（rating）は，いくつかの産業分野，カテゴリーで設けられている。品質のほかに，サイズ，希少性，先進性（：先端性，環境性能など）などによってランク付けされる。しかし，その格付け基準が明確に公開されて，識別，共有されているわけではない。

　一方，JRA（日本中央競馬会）の格付け（グレードレース制：GⅠ，GⅡ，GⅢ；賞金，年齢，牡馬・牝馬別が設けられている）の実施は，投票券の購買促進（著名馬同士，好成績馬同士の組み合わせ）のためにあり，レース内容はタイムレースでハイレベルになるが，払い戻し額が向上するわけではない（一部レースでは，払い戻し額に10円アップがある）。

　差異を具現したものはブランド（brand）である。ブランドには，識別性，出自表示，品質保証などの基本的役割があり，ブランド自体の機能的価値（基本的価値）以外の，付随的価値，感覚的価値においても差異が演出されている。

　製品（product, commodity, goods and service）とは，「マーケティング」の領域

では，企業能力の自己表現であり，消費者にとっては欲求充足（wants-satisfying）（McDaniel, Jr. [1979]），満足の束（a bundle of satisfaction）であり，問題解決のための集合体（a set of solutions：一連の解決手段）でもある（Bennett [1988]）。

百貨店や専門店，コンビニエンスストアなどの小売店の店頭で販売されている製品が，どのような個性をもち，それが価格に見合うのかの判断は簡単にはつかない。

製品は大きく次の三つに分けられる。日常的に購入して，見比べたりネットで検索したりするなどの時間をかけない商品（購入努力を払いたくない商品）［最寄品 convenience goods］，大きな店舗で品質やデザイン，値段などを真剣に見比べて検討して購入する商品［買回品 shopping goods］，購入計画を立て，長期間使用することを前提に極めて慎重に購入する商品［専門品 specialty goods］である。

こうした製品分類は，税関の製品分類と異なり，製品の特性，個性を引き立たせて，市場競争を勝ち抜くことと結びついている。

たとえば，多様な好みが想定されるカレールーのパッケージは，各社とも，辛さの順位を表示している。カレーは横須賀海軍カレーのように地域や歴史的な個性をもっているものもあり，日本全国で広く消費されるが，変化を求める消費者のために，選択の手助けとして，辛さという特性の格付けを行っている。辛さ表示が意味をなさないと解釈される子供向け，キャラクター・カレーもある。

カレーパウダーから発展したエスビー食品（1923年創業）とハウス食品（1912年創業），レトルト食品のパイオニア大塚食品（1955年創業：1968年ボンカレー発売）では辛さ基準が異なっている（エスビー食品：7，ハウス食品：5，大塚食品：8；基準は公開されていない）。統一されると，選択上は，便利である。しかし，辛さだけでなく，メーカーに対する印象度や反復的購買態度（たとえばお母さんの）が，カレールーの購買に大きな影響力をもっているかもしれない。

レトルトカレーのバリエーションをふやす（冷やしカレー 2001 年，ボンカレーネオ 2009 年：大塚食品など）一方で，クリームシチューなどのルウ市場にも，

カレールー製造販売の各社は目を向けている。

外食産業のなかで，カレー専門店のココイチ（CURRY HOUSE CoCo壱番屋）は，ライスの量（5段階），辛さ（甘口，普通のほかに1～10辛まで設定），トッピング（37種類）で，バリエーションの豊富さを謡っている。

2．差異の伝達

他社の製品・サービスに対する，品質，価格，サービス面などにおける競争優位（competitive advantage）を伝達して，販売やイメージ向上に結びつけることは，マーケティング戦略や市場競争においては定式化している。

競争優位の源泉は，卓越した技術と資源に由来し，顧客価値や低コストなどの市場における優位的な地位を得て，顧客満足，ロイヤルティ，市場シェア，収益性などの優れた成果を導き，それが競争優位の源泉につながる（Day and Wensley［1988］）。

公的な独占行為においても競争優位を生じる。公益事業では，独占行為による消費者への不利益は認められていない（不利益とならないよう料金設定等で配慮されている）。

競争優位はその保持，持続性が課題になる。差別化，低価格化，集中，先取り，シナジーが戦略推進力となり，持続的競争優位（sustainable competitive advantage=SCA）に連結する（Aaker［1992］）。また，SCAの条件として，顧客が製品間の重要な属性に明確な相違を認識していて，その相違は競争力に起因し，相違が短期間に埋まらないことがあげられる（Coyne［1986］）。

マンダムは，男性向けにGATSBYのブランド（1978年投入）で，「g」のマークのついた，ムービングラバー・シリーズ（2006年投入：本木雅弘から木村拓哉へ）を，整髪力，指通り，キープ力，質感などの観点からそれぞれに個性をもたせて展開している。[1]

また，女性向けのLUCIDO-L（1993年投入；LUCIDOは無香料整髪料として1989年投入）は，ハードとソフト，軽めと重めでマトリックスを描き，商品配

置を行っている。タグには，アイテムデータとして，クセづけ，軽め・重めの位置づけが示されている。

　一方，資生堂（1872年創業）は，男性向けのuno（2006年「木更津キャッツアイ」でタイアップ）のブランドで，整髪料の6つのアイテムを，3つの仕上がり，髪質，髪の長さでチェックして，選べるようになっていて，製品のタグには，特徴を表すキーワード，アレンジ力・固定力が表示されている。

　10～20代の男性の髪形は，5年程度の周期で自然なスタイルとしっかり作り込むスタイルと交互に入れ替わり，整髪料はヘアリキッド，ムース，ヘアフォームなどの泡状整髪料，ワックスへと15年単位で変化しており，霧状の新しい整髪料が受けるタイミングとして，フォグバー（資生堂）が投入されている（『日経産業新聞』2009年8月20日）。

　「YOKOSUKA軍港めぐり」（A CRUISE OF YOKOSUKA NAVAL PORT：株式会社トライアングル主催）は，横須賀本港（日米安全保障条約に基づく制限水域に指定されており，一般の船舶の航行が禁止されている海域に該当）を巡るものである。航空母艦専用のバースの長さ（410m）や磁気除去装置などの解説を受け，アメリカ海軍横須賀海軍施設，横須賀地方総監部（かつての横須賀鎮守府にあたる横須賀地方隊の司令部）を船上から観察できる。軍港クルーズはほかでは経験できない時間をどのように伝達できるであろうか。出港後，アメリカ海軍の巡視船が近づいてくるが，パフォーマンスで，乗船時に身体検査や持ち物検査が行われているわけではない。

3．差異の受容

　デジタル・カメラの評価は画素数やモニターの大きさだけではなされず，ダイヤモンドの価値は大きさ（カラット）だけで決まらない。市場のプロダクトは，組み合わされ知覚された差異によって，価値や優位性，存在感が決せられる。

　市場競争にみられる差異は比較優位の表れだけではないが，差異が受容（・享受）された（情報）消費社会が形成されている。

ミネラル・ウォーターは同質カテゴリーによる水平的差異であるが，ビールとビール系飲料は異質カテゴリーを含めた垂直的差異になる。ミネラル・ウォーターは，カルシウムとマグネシウムを多く含む硬水とそれらが含まれない軟水に分かれる。硬度は，南アルプスの天然水は30，六甲のおいしい水は83，エビアンは291，ヴィッテルは315である。コントレックスは1551で，ダイエットなどにも利用されている。軟水は和風料理に，中硬水はコーヒー・紅茶にと，使い分けられている。[2]

　1987年にキリンビールのラガービールをぬいてシェアトップに立ったアサヒビールのスーパードライがリードするビール業界をみわたすと，低価格を訴求するビール系飲料では，発泡酒のキリンビールの麒麟端麗〈生〉，アサヒビールの本生ドラフト，さらに第三のビールのサントリーの金麦，ジョッキ生，キリンビールののどごし「生」があり，ビールのカテゴリーをこえたビール系飲料が提供され垂直的差異が訴求されている。

　アイスクリームの売り方も，プリパッケージ型だけでなく，コールドストー

図表3-1　アイスクリーム類の定義

乳及び乳製品の成分規格等に関する省令　厚生省令第52号　昭26.12.27							
製品区分及び名称	定　義	種類別	成分規格			
^	^	^	乳固成分	うち乳脂肪分	大腸菌群	※細菌数	
アイスクリーム類乳製品	アイスクリーム類とは，乳又はこれらを原料として製造した食品を加工し，又は主要原料としたものを凍結させたものであって，乳固形分3.0%以上を含むもの（はつ酵乳を除く）をいう。	アイスクリーム	15.0%以上	8.0%以上	陰性	1gあたり100,000以下	
^	^	アイスミルク	10.0%以上	3.0%以上	陰性	1gあたり50,000以下	
^	^	ラクトアイス	3.0%以上	―	陰性	1gあたり50,000以下	
食品，添加物等の規格基準　厚生省令第370号　昭34.12.28							
食品一般		氷菓	上記以外のもの		陰性	1mlあたり10,000以下	

※ただし，発酵乳又は乳酸菌飲料を原料として使用したものにあっては，乳酸菌又は酵母以外の細菌数をいう。
出所：日本アイスクリーム協会ホームページ（www.icecream.or.jp/）

ンクリーマリー（www.coldstonecreamery.co.jp）のような体験を楽しむような製品もある。消費経験重視型製品にも該当する。サーティワン（www.31ice.co.jp:www.31ice.com）は，20種類のスタンダード・フレーバーに加えて，20種類ほどのシーズン・フレーバーが投入され，ピンクのテイスト・スプーンでトライできる。

　差異の認識，受け止め，識別，受容のためには，言語（記号）に限らず，記号化されたものを解読するコードを保有していなくてはならない。

　リポビタンDハーフは，カロリー１／２（比較の対象はリポビタンD）の34キロカロリーと表示（54％オフの表示）されているが，リポビタンDには，カロリー表示はない。その34キロカロリーも，その他のドリンク剤と比べて低いのかどうかの判断は，表示は他のブランドもない以上，消費者任せになっている。ラインナップバラエティ化で低カロリーのリポビタンファイン，リポビタンノンカフェインもラインナップされている。3)

　制汗剤の薬用８×４（医薬部外品）は，スティック，ジェル，スプレー，リキッドロールオンの４タイプの高密着ケアを提唱している。

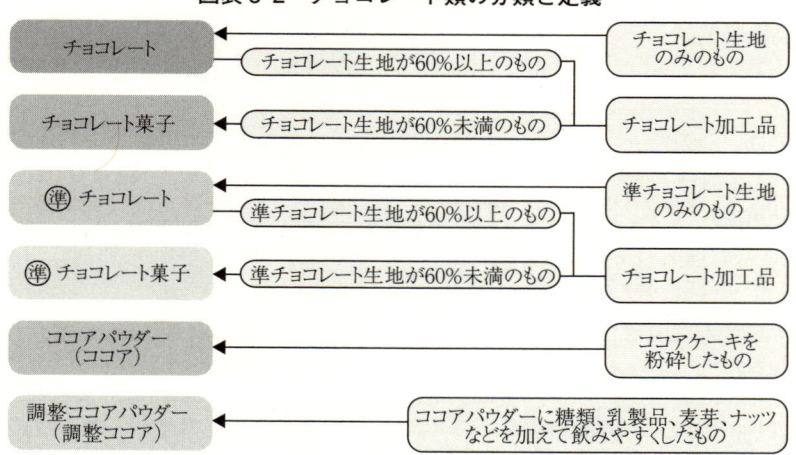

図表 3-2　チョコレート類の分類と定義

分類	条件	内容
チョコレート	チョコレート生地が60％以上のもの	チョコレート生地のみのもの
チョコレート菓子	チョコレート生地が60％未満のもの	チョコレート加工品
準チョコレート	準チョコレート生地が60％以上のもの	準チョコレート生地のみのもの
準チョコレート菓子	準チョコレート生地が60％未満のもの	チョコレート加工品
ココアパウダー（ココア）		ココアケーキを粉砕したもの
調整ココアパウダー（調整ココア）		ココアパウダーに糖類，乳製品，麦芽，ナッツなどを加えて飲みやすくしたもの

出所：日本チョコレート協会ホームページ（www.chocolate-cocoa./）4)

チョコレートも，図表3-2のように，生地に応じて，分類できる。

また，m＆m（Mars: M&M: 1941〜）のように，チョコレートの弱点とも思える点を逆手にとって，「お口でとけて手でとけない」（1987年から続く広告；分類上は，糖衣チョコ）をアピールして差異化している。

わが国にチョコレートを普及させたメリーチョコレート（1952年登記）の原堅太郎は，「メリーさんのひつじ」の米国女性のイメージで高級チョコのジャンルを築いている。高級チョコというジャンルでは，諸外国のものが知名度が高い。

4．キャラクター・コミュニケーション

差異を集約，抽象化したものがキャラクターである。多様な価値観やライフスタイルが共存する現代社会においては，キャラクターはコミュニケーション・ツールの重要な要素として際立つ存在であるといえるが，その定義づけは簡単ではない。

人気のキャラクターには共通点があり，顔の形が楕円で，顔の目の位置がほぼ同じ，耳や帽子のような突起物があるという（秋山［2002］）。キャラクターは人格・性格，類似の表現のトレード・マークは商標，シンボル・マークは象徴的な紋章と言い換えられる（秋山［2002］）。

人格や性格を反映した絵，ぬいぐるみ，人形などには固有のストーリーや利用シーンが設定され，多くは登録され，著作権で保護されている。世代，趣味や生活習慣，地域によって想起されるキャラクターは異なるが，当該キャラクターに共感して取り込むことによって，（ライフスタイル上の）価値観を表現していることにもなる。

他方，商標法による商標は，文字，図形，記号もしくは立体的形状もしくはこれらの結合またはこれらと色彩の結合であって，業として商品を生産等するものがその商品として使用するもの，または業として役務を提供等するものがその役務について使用するものをいうと規定されている（第2条1項）。

商標に化体された業務上の信用を保護することにより，競業秩序の維持を通じて産業の発達を図ることを目的とする（第1条）ため，自他識別機能，出所表示機能，品質保証機能をもつ商標上の商標は社会通念上の商標と一致することが求められる。そこでは，平成8年の改正により立体商標は認められたが（第2条1項柱書），商標は視覚に訴え，静的であることが求められる。色彩は付随的構成要素である。音声，におい，味覚，見る角度によって動いて見えるものは商標として認められない（意匠法では，動く意匠を保護対象としている（第6条4項））。店頭の人形や製品に付される立体的形状は，改正前は不正競争防止法によって保護されるにとどまっていた。

シンボル・マークは，わが国では1980年代に，多角化戦略による業務拡張，M&Aの進展をうけて，組織やグループの意識や存立基盤を明確にするためにCI（corporate identity）ブームがおき，記章やロゴなどの多くが刷新された。CIマークは，具象系，抽象系，ロゴタイプに3分類される（太田［1989］）。

キャラクターやその関連要素には抽象的な意味も込められているが，単一な表現だけにとどまらない。

5．差異化の進展

レビット（Theodore Levitt）によれば，製品（product）とはベネフィットの総体であり，差異化を図れない製品はない。コモディティ（commodity：共通化している一般製品）は存在しえない。どのような製品も市場で差異化が可能で，実際に多様に差異化が図られている（Levitt［1980］）。

コモディティの代表であった塩は，採取地域や採取方法などで差別化され，ファッション性すら訴求する製品と化している。差異が乏しいティッシュ・ペーパーも保湿性を高め，ボックスのデザイン性を高め，社会貢献に関与することをうたうものが登場している。

1970年代にソニーはResearch makes difference.をスローガンに掲げ，個性的な製品を市場に投入していたが，今日では高圧洗浄機を販売するケルヒャー

はKÄRCHER makes a difference. をスローガンとして掲げている。

　ところで，製品はたまねぎの芯のような同心円状の4層構造を形成していると捉えることもできる。[5]

・一般製品（generic product）：スタート・基礎となる物的製品
・期待製品（expected product）：最低限必要とされる製品特性
・拡大製品（augmented product）：購買者の要求や期待以上のものの総称
・潜在製品（potential product）：顧客を誘引し維持するために行われるものの総称（Levitt ［1980］）

　製品は上記の4層のどのレベルでも差異化は理念的には可能であるが，競合他社も不断に取り組んでおり，差異化は模倣され，差異化が縮まり，一般化していくことも考慮されなければならない。しかし，マーケティング管理の方法を注意深く検討し，自社の対応できる市場範囲を絶えず探索し，競合ブランドに代わって自社製品の選択につなげる説得方法を探し，マーケティング努力を傾注し，継続させることで，成長のチャンスを掴むことができるのである（Levitt ［1980］）。

　差異化の基準は，たとえば，ダイヤモンドが4C（carat, cut, color, clarity）で表わされるように複合的である。差異化の方法は，形態，機能（品質，耐用性，信頼性）などの有形的側面と感覚，デザイン性，注文の簡単さや配達等の無形的側面に大別され，それが価格設定や販売方法・販売形態に反映されている。

　ところが，技術的進化・イノベーションを製品に反映させ，利用者サービスに徹しても，事業者側の運用上の問題から，差異化を排除する動きも散見される。

　JR西日本の新幹線500系は，そのスピードや戦闘機を思わせる流線形のスタイリングで，差異性が高い。しかし，そのロングノーズ（15m）ゆえに，先頭車両と末尾車両の座席が12名分少なく，両端のドアがなく，車内も空気抵抗を低減するため，居住性が幾分犠牲になっている。そのためか，500系の運行は次第に減らされ（所属先の関連性も指摘されている），2010年2月末で東海道新幹線区間から退き，山陽区間でこだまとして使用されることになる。複

数組織が関与する場合，設計段階の最低条件に関するコンセンサスが求められることを示す典型的事例である。

❖❖❖❖❖❖❖❖❖❖❖❖❖❖❖❖❖❖❖❖❖❖❖

注
1）マンダムの整髪剤，「ギャッツビームービングラバー」は，以下のチャートで差異化が表現されていた（現在は，新製品投入等により，別バージョン展開中）。

出所：(株)マンダム・ホームページ（www.gatsby.jp）

2）ミネラル・ウォーターは，次表のようにまとめられる。

	表示名	原　水	処理方法
ナチュラルウォーター	ナチュラルウォーター	特定の水源から採水された地下水	ろ過，沈殿，加熱殺菌
	ナチュラルミネラルウォーター	ナチュラルウォーターのうち，地下を移動中または滞留中に地層中の無機塩類が溶解した地下水。鉱水，鉱泉水など	
ミネラルウォーター	ミネラルウォーター		ナチュラルミネラルウォーターの混合，ミネラル分の調整，オゾン殺菌，紫外線殺菌など。
ボトルドウォーター	ボトルドウォーター，飲用水	純水，飲用水，蒸留水，水道水など	処理方法の限定なし

出所：日本ミネラルウォーター協会

3）2009年6月1日から一般用医薬品（大衆薬）の販売規制を緩和する改正薬事法が施行され，薬剤師しか販売できなかった多くの大衆薬が3分類され，販売登録者を設けることによって販売できるようになった。第1類は通信販売不可になり，第2類は2011年5月31日まで，離島，継続使用者は暫定措置で販売可。リポビタンゴールドエースは第2類医薬品となっている。

4）チョコレート生地，純チョコレート生地は，以下のように識別されている。

区分 成分	チョコレート生地			準チョコレート生地	
	基本タイプ	カカオ分の代わりに乳製品を使用したタイプ	ミルクチョコレート生地	基本タイプ	準ミルクチョコレート生地
カカオ分（※1）	35％以上	21％以上	21％以上	15％以上	7％以上
（うちココアバター）	(18％以上)	(18％以上)	(18％以上)	(3％以上)	(3％以上)
脂肪分（※2）	—	—	—	18％以上	18％以上
乳固形分	任意	カカオ分と合わせて35％以上	14％以上	任意	12.5％以上
（うち乳脂肪分）	任意	(3％以上)	(3％以上)	任意	(2％以上)
水分	3％以下	3％以下	3％以下	3％以下	3％以下

（※1）カカオ分とは，カカオニブ，カカオマス，ココアバター，ココアケーキ及びココアパウダーの水分を除いた合計量をいう。
（※2）脂肪分には，ココアバターと脂肪分を含む。

出所：日本チョコレート協会ホームページ（www.chocolate-cocoa./）

	危険性の程度	販売方法等
第1類（胃腸薬，発毛剤等）	副作用の危険性が高い	薬剤師が販売，効能等の説明
第2類（風邪薬等）	副作用の危険性は中程度	薬剤師，販売登録者が販売
第3類（ビタミン剤等）	副作用の危険性は低い	第1類，第2類の混在展示不可

5）製品を，中核便益，基本製品，期待製品，拡張製品，潜在製品の5層に分ける捉え方もある（Kotler [1997]）。また，中核ベネフィット，期待ベネフィット，拡張ベネフィットの3層に分ける捉え方もある（Moore and Pareek [2006]）。

参考文献

Aaker, David A. [1992] *Strategic Market Management*, John Wiley and Sons.
Coyne, Kevin P. [1986] "Sustainable competitive advantage, what it is, what it isn't," *Business Horizons*, January-February, pp. 53-61.
Bennett, Peter D. [1988] *Marketing*, McGraw-Hill.
Day, George S. and Robin Wensley [1988] "Assessing Advantage: A Framework for Diagnosing Competitive Superiority," *Journal of Marketing*, April, pp. 3-8.
Eco, Umberto [1988] *Il Segno*, ISEDI.（谷口伊兵衛訳 [1997]『記号論入門』而立書房）
Kerin, Roger A. et al. [1992] "First-Mover Advantage: A Synthesis, Conceptual Framework, and Research Propositions," *Journal of Marketing*, Autumn, pp. 33-52.
Kotler, Philip [1997] *Marketing Management*, Prentice Hall.
Levitt, Theodore [1980] "Marketing Success Through Differentiation of Anything," *Harvard Business Review*, January-February, pp. 83-91.
McDaniel, Jr. Carl [1979] *Marketing*, Harper & Row.
Moore, Karl and Niketh Pareek [2006] *Marketing*, Routlege.
Ries, Al and Jack Trout [1993] *The 22 Immutable Laws of Marketing*, Harper Business.
Robinson, William T. and Claes Fornell [1985] "Source of Market Pioneer Advantages in Consumer Goods Industries," *Journal of Marketing Research*, Autumn, pp. 305-317.
Goldman, Steven L. et al. [1995] *Agile Competitors and Virtual Organizations for Strategies Enriching the Customer*, Thomas Publishing.（野中郁次郎監訳 [1995]『アジル・コンペティション』日本経済新聞社）
秋山孝 [2002]『キャラクター・コミュニケーション入門』角川書店
江川清他編 [2001]『記号の事典』三省堂
太田徹也編著 [1989]『CI　マーク・ロゴの変遷』六輝社

第4章 記号的コミュニケーション

1．記号と差異

　記号学 (semiologie) と記号論 (semiotics) は，同じ一つの学問領域を指している (Guiraud [1971])。

　記号学には大きく二つの流れがあり，一つは古代ギリシャ時代まで遡れる相手の身体の徴候を読み取るもので，医者，哲学者を主体に展開されたものである。もう一つは，ソシュールによる，言語的差異に基づく構造言語学の流れの一部として記号学が掲げられる（山口 [1983]）。

　記号論の主要な研究課題は，あらゆるメッセージの交換とその背後に存在する記号体系である (Sebeok [1969])。こうした視点からは，生命体の活動全般に記号論を当てはめて分析されることになるが，非生命体（自然物と人工物）も視野に入る (Sebeok [1969])。[1]

　記号は，さまざまな刺激を受けて，メッセージとして解釈し，意味や価値にかかわるメッセージを発していることが想定されている。記号は，それ自体としてみた記号（性質記号，個物記号，法則記号）と指示対象との関連でみた記号（類像，指標，象徴）と表す意味内容からみた記号（名辞，命題，論証）とに分けられる (Sebeok [1969])。

　こうして広範囲な記号は，機械的・慣習的に受け手の側に反応を起こす信号，記号表現と記号内容が自然なつながりで結ばれている徴候，記号表現と指示対象に位相的な類似性がある類像，記号表現が記号内容と近接の関係にある指標，記号表現と指示対象の間に慣習的なつながりしかない象徴，記号内容として外延的にのみ定義される部類をもつ名称に分けられる (Sebeok [1969])。

差異は記号であり，記号化されることによって，特定のルールやコードを用いて解釈可能なクラスタ（示差的特徴）が生まれる。[2]

記号は，音声・文字の代替記号のほかに，身体でつくられる記号，数量を表す記号，科学・技術の記号，分類・識別のための記号，所属・階級を表す記号，作業・動作の指示記号，空間・時間の記号，図像と象徴がある（江川他［2001］）。身の回りに数多くの記号が存在するが，言語以外の記号を積極的に活用するコミュニケーションを重視する傾向が強まってきているためでもある（江川他［2001］）。すべての存在物は記号現象であり，記号論は専門化した文化研究の総合的理解に道筋をつけるものである（今村［1983］）。

記号論の関連分野には，コミュニケーションのほかに意味作用（内容）がある（Sebeok［1969］）。マーケティングの分析対象である製品，広告，店舗などは記号であり，記号として認識することによって，これまでではとらえきれなかった市場現象を分析することができる。

言語を成立させているのは差異（difference）の体系とソシュール（Ferdinand de Saussure）は言う。言語（記号）は，つねに他の言語（記号）とのかかわりのなかに存在している。ソシュールは，記号（signe：シーニュ）がシニフィアン（significant）とシニフィエ（signifie）から構成されることを提示している。シニフィアンは記号表現，シニフィエは記号内容である。

記号の機能はメッセージによってさまざまの観念のコミュニケーションを行うことである（Guiraud［1971］）。記号をコミュニケーションの過程の要素としてとらえることができる（Eco［1987］）。また，一義的な意味である（＝指示機能）デノテーション（denotation＝外示）と状況依存的で多義的な意味である（＝感情機能）コノテーション（connotation＝共示）に二分できる。デノテーションとコノテーションは意味作用の対立する二つの基本的方式である（Guiraud［1971］）。

2．リーダーシップの法則

消費者の差異に対する記憶，識別力には限界がある。

消費者の購買の意思決定が最寄品のようにルーティン化しているものもあるが，購買頻度や購買機会の点から，日常の経験や習得知識だけでは意思決定が困難なものも多い。

市場におけるリーダーシップ（leadership）の法則（Ries and Trout [1993]）は，組織における人的な統率力に関連する法則を意味するのではなく，市場における先駆者，一番手有利の法則を意味する。

単葉単発単座プロペラ機による大西洋単独横断を初めて成し遂げた（1927年）のは，チャーリー（Charles Lindburg）である。しかし，2番目に成し遂げた人（Bert Hinkler）を知る人は少ない。ただ，女性で初めて成し遂げた人の名前（Amelia Earart）は記憶されている。それは，インパクトの強さに起因するといえよう（Ries and Trout[1993]）。市場に最初に投入された携帯音楽プレイヤー，炭酸飲料，フライドチキンなどの成功が想起される。

ファースト・ムーバー・アドバンテージ（First Mover Advantage=FMA）は先発優位，先行者有利，先行者利得を表している。市場に最初に参入した製品・ブランドが最大の市場シェアを獲得することを物語っている。[3]

FMAが生じる背景には，消費者の他製品・ブランドに対する障壁をまず構築でき，切り替えコスト（サンク・コスト）を意識させることがあげられる。消費者からみれば，優位な点の把握は簡単ではないが，No.1のような突出した状況は，その明解さから知覚差異が大きくなり，印象に残りやすい。

生産体制からは，経験効果が働き，希少資源が先取りでき，市場における協業システムをいち早く築くことができる（Kerin et al. [1992]；Robinson and Fornell [1985]）。先発者の市場参入時は，市場が競争激化のレベルに達していなくて，価格設定や取引条件を自由に設定できる可能性が高い。IBMはパソコン市場では仕様を公開することで業界標準を作りだし，FMAを獲得した。しかし当該市場で参入者（競合者）が増え，価格面を中心に競争激化し収益改善の見込みを検討し，IBMはパソコン事業をレノボ（Lenovo）に売却している。

後発者は，先行者との協調の選択肢（OEM，ライセンシング等）もあるが（Robinson and Fornell [1985]），先行者の市場以外をメインとするか，圧倒的な

第4章　記号的コミュニケーション　27

差異化を訴求して激しく戦うほかはない。先行者は後発者の行動を観察しながら，既存製品・ブランドの改良をはかることができる。これが，競争優位の持続につながる。

　先行者が後発者に追い越されたケースとしては，わが国では，リクレーショナル・ビークル（RV：5ナンバー7人乗りミニバン）などがあげられる。業界における市場リーダーが後発者であるケースもある。後発者は，市場育成にかかるコストを縮減でき，先行者のイメージや知名に便乗して広告やプロモーション・コストも抑制することができる。

　こうした多様な状況を，市場拡大のスピードと技術進歩のスピードで類型化すると，ともにスピードが遅い平静（calm waters：セロハンテープ）タイプ，ともに早い激流（rough waters：PC）タイプ，市場拡大のスピードは速いが技術進歩が遅い市場主導（market leads：ミシン）タイプ，市場進歩のスピードは遅いが技術進歩が速い技術主導（technology leads：デジタル・カメラ）タイプになる（Suarez and Lanzolla [2005]）。FMAの成立は市場と技術の変化に依存していることになり，その長期・短期の可能性は図表4-1のように表される。

図表4-1　FMAの可能性

	短期のFMA	長期のFMA	必要な経営資源
平静タイプ	低い	極めて高い	ブランド力
市場主導タイプ	極めて高い	高い	大規模な経営資源
技術主導タイプ	極めて低い	低い	製品開発力，資金力
激流タイプ	高い	極めて低い	大規模優良経営資源

出所：Suarez and Lanzolla [2005] p.125.（一部省略）

　FMAの感受は競争のフェーズごとに異なり，競争環境の変化に俊敏に対応することが求められ，FMA維持のためには，変化の先読み，先見力の涵養も欠かせない。

3．標準化と差異化

　差異化の反対軸は標準化である。工業標準化を図る理由としては，伝達手段や基盤の統一などの相互関係の確保，国際性・消費者志向への配慮のための互換性の確保・インターフェイスの整合性，多様性の調整，適切な品質の明確化，政策目標の遂行，貿易障害の除去などがあげられる（通産省工業技術院［1998］）。

　企業サイドでは標準（standard）を獲得すると，利益を独占できる可能性が高まること，消費者サイドでは規格上の選択においてリスクが軽減できるが（標準化しないと不便），取引相手企業の要求（RoHSなど）もある。

　ファミリー企業数，参画企業数，有力企業の参画，ソフト数，標準化機関の強制力などが標準化推進の鍵となる（山田［1996］）。標準化には図表4-2のような3パターンがあり，それぞれの特質がある。

　デファクト（de facto）・スタンダードは，市場における事実上の標準である。ISO（International Organization for Standardization：国際標準化機構；電気・電子分野以外の国際標準化），IEC（International Electrotechnical Commission：国際電気標準化会議；電気・電子分野の国際標準化）等の調整や勧告，事前調整によらずに，業界標準となった企画や仕様を表す。市場競争の結果もたらされるものである。

図表4-2　標準化のタイプ

	デファクト・スタンダード	フォーラム・スタンダード	デジュリ・スタンダード
メリット	利益の独占化容易	早い標準化，普及容易	高い信頼性，普及容易
デメリット	技術の単独化が困難	利益の均衡化	マルチ標準化，時間要す

出所：筆者作成

　わが国の工業標準化制度は，工業標準化法（昭和24年，平成17年改正）に基づいている。鉱工業製品の品質改善，生産，使用，流通の合理化等を目的として，JIS（Japan Industrial Standard）を，基本規格，方法規格，製品規格の3タイプを制定している。

フォーラム・スタンダードは，学界やコンソーシアムの標準化である。デジュリ（de juri）・スタンダードは，法規などによる公的基準である。企業内規格から業界，国内，国際規格へと市場が拡大するとネットワークの外部性は高まるが，標準化の確立には時間を要する。[4]

標準化は差異化の反対軸であるが，標準化に与しないものは差異化として位置づけられる。耐久財を中心に，標準の長期的維持が考慮されるため，買い控えや価格への過度の敏感な反応なども起こる。技術革新が活発化し，競争が激化すると，企業と消費者の学習関係を通じた緊密な関係性の構築が課題となる。

4．ポストモダン・マーケティング

1980年代に入ると，解釈主義的アプローチが台頭してくる。ポストモダンの視点から，これまでの合理的で，仮説検証型の客観的，科学的アプローチではとらえきれない現象や局面を分析しようとするものである。

特に，消費者行動，購買意思決定は定量的な分析だけからは把握できないことが実感されて，HBR（*Harvard Business Review*：2001-November）を通じたコトラーとブラウン（Brown, S.）の論戦に代表されるように，ポストモダン・マーケティングの論議が活発化している。

ブラウンによれば，3C，4P，7S，STPなどの頭文字に代表されるマーケティング用語や定説的なアプローチは無意味であるとされる（Brown [2003]）。論争のもととなった著書（*Postmodern Marketing*：1995）では語りかけるような，しかしこれまでのマーケティングの提示を踏まえた独特のスタイルをとっていたが，次の著書（*Free Gift Inside!!*：2003）では完全にチャレンジングな内容，記述になり，マーケティングの「定石」の否定を試みている。

ポストモダンの消費者行動分析では観察，内観，深層面接などを通じて，解釈は一つではなく，複数存在することが主張される。しかし，ポストモダンといわれるほどモダンからの乖離はないとの見方もある。

ポストモダンの区切り自体に疑問を投げかける向きもあるが，ポストモダン

図表 4-3　モダニズムとポストモダニズムの強調点

客　観	イメージ，シンボル
認知的主題	記号的主題
統一的主題	断片的主題
リアル	ハイパーリアル
知　識	コミュニケーション
経　済	文　化
生　産	消　費
使用価値から交換価値へのシフト	交換価値から使用価値へのシフト

出所：Brown［1995］p.14.（一部省略）

の主張によって，消費（行動，経験），購買意思決定などに関して，多様な視点，解釈が共存することで，広告表現や消費スタイルの多様化が進む事態に対応を図ることに拍車を掛けていることは疑いがない。

・・・・・・・・・・・・・・・・・・・・・・・・・・・・・・・・

注
1）デリダ（Jacques Derrida）は，エクリチュール（＝文字言語：書かれた文）が差異を生み出す運動を差延（＝differance）とよぶ。異なる，延期する，という二つの意味をもつ differ から派生したデリダの造語である。ここでは言語のもつ限界，境界が強く意識されている。
2）記号学，記号論は，医師の視点からの，病気の現れである自然的な徴候や指標の研究を表す徴候学（semeiologie）とは明確に識別される（Guiraud［1971］）。
3）パイオニア（pioneer）・アドバンテージ，（Golder and Tellis［1993］），マーケット・パイオニア・アドバンテージ（Robinson and Fornell［1985］）とよばれることもある。
4）ネットワークの外部性（Network Externality）とは，同一規格・仕様の製品を利用する消費者が増えれば増えるほど，当該製品の利用者のベネフィットが増大することを指す。

参考文献
Baudrillard, Jean［1970］*System de la Mode*, Editions Gallimard.（宇波彰訳［1980］『物の体系』法政大学出版局）
Brown, Stephen［1995］*Postmodern Marketing*, Routledge.
——［2003］*Free Gift Inside!!* Wiley.（ルディー和子訳［2005］『ポストモダン・マ

ーケティング』ダイヤモンド社）

Eco, Umberto [1988] *Il Segno*, ISEDI.（谷口伊兵衛訳 [1997]『記号論入門』而立書房）

Golder, Peter N. and Gerard J. Tellis [1993] "Pioneer Advantage Marketing Logic or Marketing Legend?," *Journal of Marketing Research*, May, pp. 158-170.

Guiraud, Pierre [1971] *La Semiologie*, QUE SAIZ-JE?（佐藤信夫訳 [1972]『記号学』白水社）

Kotler, Philip [1980] *Marketing Management*, Prentice-Hall.

Kerin, Roger A. et al. [1992] "First-Mover Advantage: A Synthesis, Conceptual Framework and Research Propositions," *Journal of Marketing*, Winter, pp. 332-352.

Peirce, Charles Sanders [1965-1966] *Collected Papers of Charles Sanders Peirce*.

Ries, Al and Jack Trout [1993] *The Immutable Laws of Marketing*, Harper Business.

Robinson, William T. and Claes Fornell [1985] "Sources of Market Pioneer Advantages in Consumer Goods Industries," *Journal of Marketing Research*, June, pp. 305-317.

Saussure, Feldinand D. [1960] *Cours de Linguistique Generale*.（小林秀夫訳『一般言語学講義』岩波書店）

Sebeok, Thomas A. [1969] *Semiotics: A Survey of the Art*.（池上嘉彦他編訳 [1985]『自然と文化の記号論』勁草書房）

Suarez, Fernando and Gianvito Lanzolla [2005] "The Half-Truth of First-Mover Advantage," *Harvard Business Review*, April, pp. 121-127.

今村仁司 [1983]「商品（消費社会）の記号論」山口昌男監修『説き語り記号論』国文社

江川清他編 [2001]『記号の事典』三省堂

通産省工業技術院 [1998]『我が国の工業標準化』大蔵省印刷局

山口昌男 [1983]「記号論の拡がり」山口昌男監修『説き語り記号論』国文社所収

山田英夫 [1996]「コンソーシアム型のデファクト・スタンダードに関する一考察」システム科学研究所紀要

第5章 カラー・コミュニケーション

1．色彩のモダリティ ◇◆◇◆◇◆◇◆◇◆◇◆◇◆◇◆◇◆◇◆◇◆◇◆◇◆◇◆◇◆

　人は約 380nm～780nm の電磁波（可視光線）に色彩を感じ取る。色彩は連続諧調につながった無数のものであり（武井［1975］），華美や贅沢とのそしりを受けた時代もあるが，冠位十二階における高貴な色や禁色など，モダリティ（moderity：感覚の様相）がうまれ，コミュニケーション力を発揮してきた。

　青，白，赤が自由，平等，博愛を表すフランス国旗は，青色の退色効果，白色の膨張効果，赤色の進出効果を加味して，横幅の割合は，37：30：33 に規定されている。フランス国旗は，カラーコントロールの一手法である面積配分，位置効果によって，印象度，インパクトを強め，中央に白色があることによってアクセントカラーの役割を果たしている。

　一方，オランダは，赤，白，青の三段重ね，ロシア国旗は白，青，赤の三段重ねである。ルクセンブルク大公国はオランダよりも青が薄い水色である。

　イタリアの国旗は緑，白，赤の縦縞で，右に 90 度回転するとブルガリア共和国の国旗，左に 90 度回転すると，ハンガリー共和国の国旗になる。[1] ちなみに，中近東アラブ諸国の緑，赤，黒，白の組み合わせ，アフリカ諸国の赤，緑，黄，旧中央アメリカ連邦諸国の青，白，青，旧コロンビア連邦諸国の黄，青，赤の配色が特徴的である（江川他［2001］）。

　同じ大きさなのに，後退効果は寒色系や暗い色が該当し遠くに見えること，膨張効果は白色を代表に明度が影響し大きく見えること，進出効果は暖色系や明るい色が該当し近くに見えることである。膨張効果の反対は収縮効果である。後退色と収縮色，膨張色と収縮色は同じ属性の色彩である。

混合すると無彩色（achromatic color：黒，灰色，白）[2]になる色同士を補色（complementary color）（＝物理的補色：混合補色）とよぶ。主要色を環状に並べ，反対側に補色がくるように配置した色環を補色色環とよぶ。たとえば，赤と緑，青と橙など色相環では対抗の位置関係にあり，互いを引き立てている。

　心理補色（残像補色）は，凝視した後で残像が残る色同士であり，外科医の手術着や手術室の色（薄い青緑）がよくしられている（たとえば Kyra Sedgwick 主演テレビドラマ CLOSER，セカンドシーズン第9話（Warner Bros.））。

　加法混色は，色ガラスのように，赤と緑で黄，緑と青で青緑，青と赤で紫，赤，緑，青で白になる。赤，黄，青が絵の具などの物体色の三原色であり，色料の三原則はマゼンタ（赤紫），黄，シアン（青緑）である（塚田 [1978]）。

　色陰効果は，無彩色が周囲の色の補色に見えるものをいう。赤のコートに灰色のバッグは黄色を帯びた灰色にみえるのである。光の強さ（輝度）が変化す

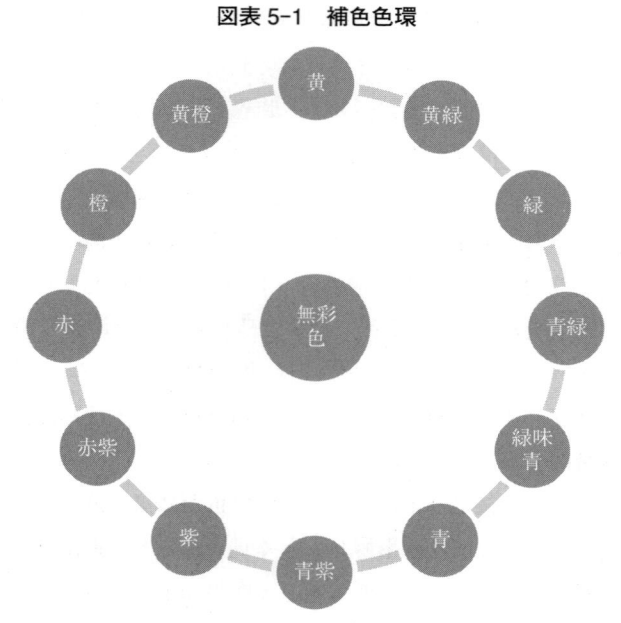

図表 5-1　補色色環

（黄・黄橙・橙・赤・赤紫・紫・青紫・青・緑味青・青緑・緑・黄緑が環状に並び、中心は無彩色）

出所：武井 [1975] をもとに筆者作成

図表 5-2　色彩と感情の関係

属　性	種　別	感情の性質	色の例	感情の性質
色　相 H	暖　色	温かい	赤	激情・怒り・歓喜・活力的・興奮
		積極的	黄　赤	喜び・はしゃぎ・活発さ・元気
		活動的	黄	快活・明朗・愉快・活動的・元気
	中間色	中庸・平静	緑	安らぎ・寛ぎ・平穏・若々しさ
		平凡	紫	厳粛・優婉・神秘・不安・優しさ
	寒　色	冷たい	青緑	安息・涼しさ・憂鬱
		消極的	青	落着き・淋しさ・悲哀・深遠・沈静
		沈静的	青紫	神秘・崇高・孤独
明　度 V	明	陽気・明朗	白	純粋・清々しさ
	中	落着き	灰	落着き・沈鬱
	暗	陰気・重厚	黒	陰鬱・不安・厳しさ
彩　度 C	高	新鮮・溌剌	朱	熱烈・激しさ・情熱
	中	寛ぎ・温和	ピンク	愛らしさ・優しさ
	低	渋み・落着き	茶	落着き

出所：出村 [2006] p.176.

ると色相も変化し（たとえば，輝度が上がるにつれ，赤みの橙→橙→黄みの橙に変化），色の見え方が異なってくる。色彩と感情の関係は図表 5-2 のようにまとめられる。

　感情の性質については論議をよぶかもしれない。それがまさにカラーリングの基本的特性であり，こうした心理的効果をふまえたファッションや都市のカラーリングが各地で見出される（第 20 章 2．参照）。

　二者間の対話では，言葉によって伝えられるメッセージは全体の 35％に過ぎず，残りの 65％は言葉以外の手段によって伝えられるとされ，人体，動作，目，周辺言語（paralanguage：話し言葉に付随する音声上の性状，特徴），沈黙，身体接触，対人的空間，時間，色彩が人間のコミュニケーションに寄与する（Vargas [1987]）。しかし，色彩は，製品のパッケージ・デザインの良否にも関わり，衝動買いを引きおこす一方で，「黒い箱は重く感じる」などのイメージも惹起する（Vargas [1987]）。

2．配　　色 ◆◇◆◇◆◇◆◇◆◇◆◇◆◇◆◇◆◇◆◇◆◇◆◇◆◇◆◇◆◇◆◇◆◇◆

　配色は，地色と形の色の組み合わせで，よく見える配色とその逆の配色がうまれる。視覚に訴える場合は，よく見える，識別可能な，可視度（visibility）が高い配色が望まれる。

　1945年以降，赤みのある濃い茶色（ぶどう色2号）は国電，客車，旧型直流電気機関車の標準色となったが，湘南電車80系で本格的なカラー化時代の幕開けとなる（1956年の窓周り5YR6/13から1959年の4RY5.8/11，幕板・腰板10GY3/4.5；いわゆる黄かん色と緑2号の塗り分け；マンセル色相環で表示）。80系が新性能化された東海型153系は湘南色を引き継いだが，前面は明視性を強調して黄かん色に塗りつぶされていた（『鉄道ジャーナル』2005-3）。[3]

　朝5時から（松尾大社，5時30分から北野天満宮，西本願寺等，あるいは終日は上賀茂神社等）拝観可能な寺社がある京都のような古都の観光地では，郵便ポストの色，大手ファストフードの看板の配色にも，周囲に溶け込み，目立たないが，当該存在の識別は可能なように，配慮されている。

　東京メトロ（地下鉄線内）を走る小田急ロマンスカー60000系MSE（2008年デビュー）は，地下鉄（おもに千代田線）の駅構内でも光を放ち，一般車両とも区別できるような（特急料金が必要なため）フェルメール・ブルーの車体となっている。

　ピンク・オレンジは春の色，緑は安らぎの色，青は神秘の色など，色に込められたイメージや連想性がある（これには地域差がある）（岩井［1986］）。

　冠位十二階では濃紫，薄紫は大徳，小徳を表す上位の色である。波長の短い（約450nm）青は「ダイエット・メガネ」の色でもあり，食欲を減退させる一方で，犯罪防止，鎮静化のため山手線や京浜急行のホーム，名神高速道路（養老サービスエリア）のゴミ捨て場の色（青色LED）としても利用される。差異化の観点から，青い看板の飲食店（たとえば，ステーキ・アンド・カフェ「ケネディ」：ただし，店内は明るいブラウンが基調）も存在する。引越しの段ボールは軽く感じさせるために，明るい色が使われている。

図表 5-3　配色のパターン

よく見える配色		見えにくい配色	
地色	形の色	地色	形の色
黄	白	黒	黄
白	黄	黄	黒
赤	緑	黒	白
赤	青	紫	黄
黒	紫	紫	白

出所：塚田［1978］p.116.（一部，省略）

次に，配色には，色相配色，明度配色，彩度配色がある。

色相（hue）配色は，色みに着目した配色で，対照色相（対比）はインパクトがある。野菜サラダでは，プチトマト，赤ピーマンが存在感を増す。同化は一層当該色を鮮明にするもので，緑色ネットに入った枝豆が好例である。明度配色（lightness）は，明るさに着目した配色で，明度差が大きい配色は活動的で生き生きした印象を与える。逆に明度差が小さいと，落ち着いた大人の雰囲気となる。彩度配色（saturation）は，鮮やかさに着目した配色で，彩度の低い素地に高彩度の色を添えると，その色が強調される。

ドミナント（dominant）配色は特定の色相やトーンで配色全体を支配するもので，インテリア・デザインに応用されている。自然界における，初夏の樹木で緑色のドミナント配色が観察される。グラデーション（gradation）配色は色相，明度，彩度を規則的に変化（漸変）させるもので，階調ともよばれる。虹の色相はその代表である。アクセント（accent）カラーは小さい面積で強調される色相をいい，スーツにおけるポケットチーフが代表である。

色彩調和は，調和は秩序に等しいとする，オストワルト（Wilhelm Ostwald）の直線的，規則的配色が知られているが，古典的な対比現象に着目するシュブルール，色空間における幾何学的関係，面積関係などから配色を探るムーン＝スペンサー（P. Moon and D. E. Spenser）に言及されることも多い（塚田［1978］）。彼らによれば，快い組み合わせは，二色の差が不明瞭ではなく，幾何学的な関

係が生まれている場合である。調和は同一（同じ色），類似（似た色），対比（反対の色）の関係，不調和は第一不明瞭（ごく似た色），第二不明瞭（やや違った色），眩輝（極端に反対の色）の関係を指摘でき，マンセル色素系から把握できるとされる（武井［1970］）。

　流行色はインターカラー（Intercolor：国際流行色委員会）による年2回の会議で検討され，2年後のものが決定されている。アパレル，インテリア，工業デザインの関係筋はそれをうけて，商品化を図っている。わが国では日本流行色協会が傾向色を発表している。しかし，その提示と流行は必ずリンクするほど単純な消費社会ではない。[4]

　しかし，シャーベット・トーンや湾岸戦争後のカーキ色，迷彩柄，iMac発売後のスケルトンカラー，黒基調のファッション，素材色が流行したように，いくつかのブームがある。社会情勢（思潮），文化のリズムがブームを生み出すことにつながる側面がある。[5]

3．色彩と形態

　形態は機能を示唆し（機能は形態に従う），色彩は形態を引き立てる。形態は精神と文化をも表わす（岩井［1896］）。

　デザインの構成原理を構造化すると，形，色，材料，テクスチャー，光，運動にテクノロジーを加味した造形の要素（element of form）と，ハーモニー，コントラスト，バラエティからなるユニティ（統一）を検討する造形の秩序（order of form）に二分される。さらに，コントラストは，シンメトリー，プロポーション，バランス，リズム，コンポジション，シュパヌンク（力線）から成り立っている（三井［2008］）。

　造形心理は，目に見え，手に触れることができる形をめぐる構成と配色の心理学である。

　パリの新凱旋門は，ほぼ正方形（縦110m，横108m）であるが，縦に長く感じ取れる。空洞部分と背後の空が縦長に見せているともいえる。

色彩と形は構図，構成（反復や反転などの規則性やバランス，プロポーションの安定感，力感など）において評価される。直線は知的な感覚を描き出す（岩井［1896］）。

シンメトリー（対称：相称＝symmetry）は美の構成原理の一つであり，対称軸から両側の軸に等距離にあるものである。形状・位置などが軸を中心に相対称する場合は左右対称（bilateral），鏡映である。教会の平面図などに見られるように，形に統一感（安定性，正面性）が生まれる。アシンメトリー（非相称＝asymmetry）とともに，バランス，リズム，ダイナミズムなどから論議される。[6]

プロポーションは，$\sqrt{5}$矩形に関連する黄金分割（golden section）とともに論じられる。

四角形は，縦横比 1：1.618…が最も美しいとされ，この比率が黄金比（golden ratio）とよばれる（Livio［2005］）。[7]

アテネのパルテノン神殿，ミロのヴィーナスのような建築物や芸術作品だけでなく，メトロカードのような各種のカード，国旗などにも黄金比はみられる。その比率はユークリッド幾何学まで遡ることができ，フィボナッチ数との関連やダ・ヴィンチの「神聖な比例」，ウォールストリートでの援用など多様に出現している（Livio［2005］）。

他方，白銀比（silver ratio）も美を構成する比率で（伏見他［2010］），A版用紙や，わが国の大工道具（曲尺），建築技術に不可欠な要素となっている（桜井［2006］）。西洋の黄金比に対する日本の白銀比としても捉えられる（三井［2008］）。

ペンタグラム（pentagram＝五稜星）はシンボルや模様として用いられ，徳や和の象徴であり，護符，貨幣などにも使用されてきたが，均衡の多角形である五角形は黄金比となっている（三井［2000］）。

建築のモダニズムの推進役となったル・コルビュジエ（Le Corbusier）は，機能性を追求し，使いやすさを求めて黄金分割を取り入れている（三井［2000］）。

必要十分にして最小限な機能は，そぎ落とすことで生まれる美しさをうむといわれるBRAUNのシェーバーは，シンプルで質実剛健，堅牢さを旨とするバウハウス的な系譜があるとされる（たとえば，『デザイン家電』［2002］枻出版）。

鉄道車両のフロントデザインは多くはシンメトリーである。帝都高速度営団地下鉄（現，東京メトロ）の千代田線用の 6000 系の登場時（1960 年）はシンボルカラーのグリーンの帯を巻いているが，運転席側の窓が大きいアンシンメトリーな構成となっている（有楽町線用 7000 系，半蔵門線用 8000 系と受け継がれている）。その後，東京メトロになり登場した有楽町線・新都心線用 10000 系は貫通扉が正面にきて，シンメトリーとなっている。シンメトリーは安定感，馴染みやすさがあるとされる（伏見 [2010]）。

　東武鉄道 50050 系半蔵門線乗り入れ用は，ステンレスボディに東武カラーのオレンジをまとっている。しかし，東武本線用の 50080 系は，同じくステンレスボディに東武カラーのオレンジに紫のラインをまとっている。有楽町線に乗り入れている西武線は，本線では黄色をメインカラーとしていたが，ステンレスボディにブルーをまとっている。もっとも，本線でもブルーのラインをあしらった電車が増えつつある。

　錯視は視覚による錯覚である。「ミューラー＝リヤー」(Müller-Lyer) の矢印を用いた直線の長さの錯視が知られている。外円の大きさが異なって見える「デルブフ」(Delboeuf) の外円・内円も錯視である。騙し絵は透明感を感じ（透明視），主観色は実際にはない色が見えるものである。

　偶発的形態，自然のままの形態は人工的な形態，建築物との対比で成り立っている。自然との共存，溶け込みが重視される。反面，人工的な自然も，そのコンセプトが共感をもち，受け入れられていれば（たとえば，テーマパークの造形），違和感がなくなる。

4．色彩の伝達

　固有色名は特定の色域を表すが，そのなかで日常で慣用的に使用されている色名を慣用色名 (customery color name) とよぶ。化粧品，ファッション業界（のプロモーション，イベント）などで用いられ，特有の豊かなイメージ，コンセプトが込められて，差異化の手段の一つとなっている。

他方，系統的に分類識別する色は系統色名（systematic color name）であり，色彩の正確な伝達が期待できる。

　系統色名は，「基本色名＋明度・彩度に関する修飾語＋色相に関する修飾語」で表わされる。人気の高い青をとりあげると，明るい緑みの青は新橋色，あざやかな緑みの青は浅葱色である。勿忘草色は明るい青，露草色はあざやかな青である。

　JIS の系統色名には物体色（JIS Z 8102）と光源色（JIS Z 8110）があるが，物体色は次のように識別される。

　JIS Z 8721 はマンセル表色系（Munsell Color System）を採用しており，HV／C の順序で表現される。10YR7.5／13 は山吹色であり，無彩色は N（neutral）の次に V の数値をつける。

　わが国には，四季の移ろいに応じた微妙な色の変化を識別していて，伝統的な色名があり（古代の飛鳥時代から平安中期までに出現した色を古代色，それ以降江戸時代に出現した色を近代色とよぶ），平安貴族の重ね着の襟もと，袖口，裾のかさねの特徴ある配色，対応する言葉，あるいは高価な平安時代の赤色の紅や天皇が着用するための紫紺の紫などの禁色などもよく知られている（三井［2008］）。

✦┼✦┼✦┼✦┼✦┼✦┼✦┼✦┼✦┼✦┼✦┼✦┼✦┼✦┼✦┼✦

注
1) 国旗の縦横比は，国連では 2 対 3 で統一している。2 対 3 以外に，5 対 8 や 4 対 5 などのほかに，スイスのように規定のないものもある。十字旗は北欧のキリスト教諸国，イギリス・イギリス連邦諸国のユニオン・ジャック，イスラム諸国の三日月と星が特徴的である（江川他［2001］）。
2) 明度だけをもつ無彩色の反対は，赤，青のように彩りのある色（色相，明度，彩度をもつ），有彩色（chromatic color）になる。

有彩色と無彩色の基本色名と修飾語

	有 彩 色	無 彩 色
基本色名	赤 (R), 黄赤 (YR), 黄 (Y), 黄緑 (YG), 緑 (G), 青緑 (BG), 青 (B), 青紫 (PB), 紫 (P), 赤紫 (RP)	白 (Wt), 灰 (Gy), 黒 (Bk)
修飾語	あざやかな (vv), あかるい (lt), つよい (st), こい (dp), うすい (pl), やわらかい (sf), くすんだ (dl), くらい (dk), ごくうすい (vp), あかるい灰みの (lg), 灰みの (mg), くらい灰みの (dg), くらい (vd)	うすい (pl), あかるい (lt), くらい (dk)

出所：出村［2006］pp.140-141. を図表化

3）湘南色に対比される横須賀色は，窓周り1956年5Y8/6，幕板腰板2.5B2.5/2.5から1959年4Y8/5.5，2.5B3/2.3になり，現在にいたっている（クリーム色1号，青15号）。カラフルな国電101系中央線は朱色1号，緩行線は黄5号（カナリヤ色），山手線は黄緑6号（ウグイス色）である。

4）インターカラーは2009年11月30日，12月1日の2日間，日本で初めて選定会議が開催され，2011年秋冬向けの流行色の選定が行われている。

07年春夏	ブルーを中心とした鮮やかなカラー等	モダン，未来がキーワード
07秋冬	黒や微妙な色味のついた黒っぽい色等	変化する光と陰のような微妙でニュアンスのある色表現を推奨
08年春夏	白やライトグレー，メタリックシルバー等	自然の要素に人工的なムードの融合がキーワード
08秋冬	グレー系等	モダニズムと未来志向がテーマ
09年春夏	鮮やかなピンクやグリーン等と穏やかなグレーやベージュ等	現実と仮想の対比とバランスを表現する色に注目
09秋冬	ピンクっぽいベージュ，柔らかいオレンジ等	テーマは「分かち合い」。優しい色や人間的な感情を重視

出所：『日経流通新聞』2009年7月29日

5）シャツやブラスの色は，男女，年齢を問わず，白が人気で，無難な色，落ち着いた色を好む傾向がある。自動車の色についても同様で，黒，白，銀が上位にきている（『日経流通新聞』2009年7月15日）。

6）放射対称は，二つ以上の対称軸を1点の回りに等しい角度で形作られたもの，点対称は1点を中心に形作られたものである。整数比をなすものは静的対称，整数で表せないものは動的対称である。ルート矩形とは，矩形の短辺を1としたとき，長辺との比が$\sqrt{2}$, $\sqrt{3}$, $\sqrt{5}$となるものをいう。$\sqrt{2}$は正方形の対角線，

$\sqrt{3}$ は $\sqrt{2}$ の矩形の対角線の長さである。ギリシャの神殿，壺にその比率がみられる。
7) 線分を，大＝a，小＝b とすると，b：a＝a：(a＋b) になるように分割することで生まれる。

参考文献

Livio, Mario [2005] *The Golden Ratio*, Broadway.（斉藤隆央訳『黄金比はすべてを美しくするか？』早川書房）
Vargas, Marjorie F. [1987] *Louder than Words*, Iowa State University Press.（石丸正訳 [1987]『非言語コミュニケーション』新潮社）
岩井寛 [1986]『色と形の深層心理』日本放送出版協会
江川清他編 [2001]『記号の事典』三省堂
桜井進 [2006]『雪月花の数学』祥伝社
武井邦彦 [1975]『色彩の再発見』時事通信社
塚田敢 [1978]『色彩の美学』紀伊国屋書店
出村洋二 [2006]『色彩の芸術と科学』昭和堂
伏見康治他 [2010]『美の幾何学』早川書房
三井秀樹 [2000]『形の美とは何か』日本放送出版協会
―― [2008]『かたちの日本美』日本放送出版協会

第6章 説得のコミュニケーション

1．アカデミック・マーケティング

　市場に，科学的な知見を絡める製品が増大している。性能，機能，スペックに気を配らなくてもよい製品もあるが，先端的でイノベーションの成果が小刻みに反映されるような製品では，新製品は，旧来製品に陳腐化の問題を引き起こすものの，待ちわびられることになる。

　『日経エレクトロニクス』は，こうした現象に，アカデミック・マーケティングの敷衍として特集を組んでいる（2005年5月9日）。

　イメージ訴求とは逆に，データや専門用語を用いて，消費者に購買を迫る説得型のコミュニケーションの一側面である。ただし，効果，効能の表示，訴求は薬事法に抵触する可能性がある。

　効果，効能の表示，訴求ができるものは，医薬品に限られる。口から入るものは食品か医薬品であり，効果効能を掲げるのは，承認前の医薬品等の広告が薬事法第68条によって禁止されているためだ。

　日本コカ・コーラの「からだ巡茶」の広告コピー「広末涼子，浄化計画。はじまる。」は，医薬品の効能のように受け止められるとして，2ヵ月後に，「広末涼子，気分浄々。」に切り替わった（『日経MJ』2006年12月13日）。「からだ巡茶」には，薬日本堂の霊芝，高麗人参などの漢方薬（9種とお茶4種）を使用との表示がある。「のむ，巡る，キレイ。」がショルダータイトルとなっている。

　精神安定作用とかかわりがあるGABA（ガンマ―アミノ酪酸）を製品名とするグリコのGABAは，「ストレス社会で闘うあなたに。」をキャッチコピーとし，

「メンタルバランスチョコレート」のサブコピーが製品に添付されている。

　食品で効果効能の表示を認めた特定保健用食品（特保）の認証取得には科学的データの裏付けが必要となる。

　花王「エコナクッキングオイル」（1998年5月特保取得）は，発がん性物質に分解される可能性のある成分（グリシドール脂肪酸エステル）に関して厚生労働省に届け出た（2009年6月29日）後，エコナシリーズの販売自粛・出荷停止を発表していた。しかし，シリーズの消費者庁が特保表示取り消しに向けた審査手続きに入るとの発表を受けて，表示許可の失効届を保健所に提出している（『日経MJ』2009年10月30日）。

　データに基づく客観性，蓋然性に依拠するアカデミックなアプローチは，高関与型で；購買努力を要する専門品に限らないところが，近年の特徴である。

　コープランドは購買努力の多寡で消費者用品を三つ（最寄品＝convenience goods，買回品＝shopping goods，専門品＝specialty goods）に分類している（Copeland [1923]）。今日においても，この3類型をもとにマーケティング戦略が形成されているが，専門品では，高額で購買頻度が少なく，専門知識も乏しいことが多い。いきおい，購買の意思決定に向けて，企業側から専門的なアピールが展開されることになる。

　ところが，最寄品は慣習的購買がなされることもあり，価格志向，買いやすさ志向が強い。こうした領域にも，説得，販売促進の動きが活発化している。これは，家庭用品品質表示法や成分表示，環境配慮への対応などによっても後押しされている。

　製品レベルをこえて，レジ袋にまでそうしたアプローチ（表示）は及んでいる。「セルフ・メディケーション」を標榜するマツモトキヨシは，「セルフ・メディケーション」をレジ袋で解説しながら，環境分解性プラスティック（自然環境下で炭酸ガスと水に分解する；焼却しても塩素ガスを発生しない）で組成されていることを表示している。

2．説得のプロセスとキーワード

　説得は，今日，技法から科学のレベルに昇華しており，一定の原則（好意，心遣い，前例，言質，権威，希少性）の下，義務感，希少価値の高い情報，自発的コミットメント等の要素が組み合わされて関係する人々に恩恵が生まれる（Cialdini［2001］a, b）。

　また，説得は交渉と学習のプロセス（発見，準備，対話）であり（Conger［1998］），説得をめぐるコミュニケーションの経路（チャネル）は，次のようなフローで表される。

　意思決定者には多くの場合，事前の知識があり，その状況が意思決定者の特性を表わしている。説得の段階では，総体的優位性や比較可能性などがイノベーションの理解につながる（Fill［1995］）。確認は，購買後も，購買の意思決定が間違っていないか（認知的不調和：Festinger［1957］の低減行為），今後のネットワークの外部性などについて，検討，考察するものである。

　フレーミング（framing＝フレーズの言い換え Levin and Gaeth［1988］），メッセージの複雑性（やや難しいほうがよいとの指摘あり Geissler, et al.［2006］），両面提示と一面提示のそれぞれの優劣が検討され，信頼感ある情報源をもとに情報発信の方法，あるいは希少性，返報性，共感性などが論議され，説得のスタイルが絞り込まれていく（Cialdini［2001］a, b；Goldstein［2007］；榊［2010］）。

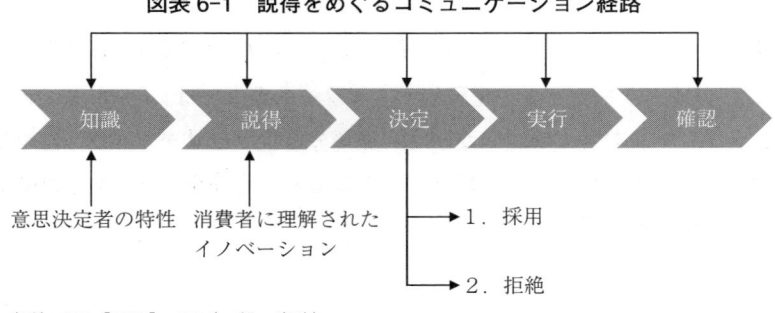

図表6-1　説得をめぐるコミュニケーション経路

知識 → 説得 → 決定 → 実行 → 確認

意思決定者の特性　消費者に理解されたイノベーション　→ 1．採用　2．拒絶

出所：Fill［1995］p.36.（一部，省略）

また，説得の相手，キーパーソンを特定し，その人物の意思決定のスタイルに呼応する説得の論理の組み立ても重要になる。たとえば，カリスマ，慎重な論理派，懐疑主義者，追随者，客観的分析者に分けて，望んでいる情報を提供しながら説得力を高めることができる（Williams and Miller [2002]）。ストーリー立ても重要になり，説得の目的別に（価値観伝達，行動誘引，知識共有，バズ（buzz）管理など），必要なストーリー，表現上の工夫なども研究されている（Denning [2004]）。

　近年，効果的，効き目があるとされる広告コピーのなかで頻繁に使用される説得のキーワードは，限定，環境配慮，No.1などである。限定は，販売・企画・サービス提供に関して，数量，期間，対象メンバー（たとえば，TDRのファンダフルでは，メンバー限定のイベントが企画され，限定品が配布される）に関して展開される。

　環境配慮は，CO_2の削減など効果が実感されるものは限定されるが，表示可能な領域にはそれを選択することで積極的取り込みが認識できる。古紙再生率の高い紙はそうした事例の一つであった。ノート類の裏にR100の表示があれば，古紙利用率100％の紙を使用した製品である。R100のものは少ないが，R40，R50のノート類は多く出回っていた。しかし，製紙会社の偽装表示の発覚によって，こうした表示は市場から姿を消している。年賀状も再生使用の表示がなくなっている。

　冷蔵庫の不当表示に関して，日立製作所の子会社日立アプライアンスは，2009年4月に公正取引委員会から，冷蔵庫のカタログ，新聞広告，ポスター，ウェブサイトの表示内容に関して景品表示法違反（優良誤認）に基づく排除命令を受け，受賞していた「省エネ大賞」を返上している。4月末から5月中旬まで日立製作所，日立アプライアンスと連名でお詫び広告が流される。その後，対外文書管理室（事業所），文書・表示監査室（本社）を設置，再発防止策を公表している。

3．比較広告

　比較広告（comparative advertising）は，製品・サービスの性能やベネフィットに関する比較優位性を訴求する広告であり，広告主の明示はあるが，購買の意思決定のための客観的な情報の提示が暗示されている。

　公正取引委員会は景品表示法との関連から，望ましい比較広告について指針を出し，適切な商品選択を阻害することなく，不当表示にならない配慮を求めている（岩本［1993］）。

　指針では，競争関係にある比較対象商品等を示し（暗示的な場合も含む），商品等の内容または取引条件に関して，客観的に測定または評価することによって比較する広告を比較広告と定義し，客観的な実証性，適切な引用性，方法の公正性（短所の表示も含む）のすべての条件を満たす必要があると説いている（岩本［1993］）。この定義に従うと，わが国では比較広告はCompacの性能比較の広告などを除くと，ほとんど展開されていないことになる。[1]

　しかし，製品選択の支援やイメージ向上のための，比較につながるフレーズや切り口の広告は少なくない。「くらべてみればALSOK」（キャッチコピーは「くらべればALSOK」）(2010)のように比較対象は暗示的ではあるが，比較のための努力を要するようなジングルで訴求する広告もある。

　「となりの車が小さく見えます」(1970年：日産自動車)は現在でも印象に残るコピーで，容易に比較できる。Datsun Sunny1200（44万円）は，「遠慮しながらの5人乗り」のファミリーカーの常識に挑む挑戦広告でもあった。当時，日本国有鉄道によるDISCOVER JAPANキャンペーン，チャールス・ブロンソンのマンダム，男の世界が話題をよび，『an・an』（平凡出版）が創刊されている。新たな経済的な勢いが感受される時代である。

　レギュラー週6本を抱える萩本欽一の「どっちが得か，よーく考えてみよう」(1976年：小西六写真）は，ロッキード事件によって世相が不安定になり，公共料金の値上げが相次ぐ状況下で，市場リーダー（富士写真フイルム工業：現，富士フイルム）の20枚撮りフィルムに対する優位性を打ち出したものである。

「45％の人が，ペプシを選びました。」（1984年：ペプシコーラ）では，数字をあげて，2種類のコーラの嗜好テストの結果を用いて好意度をアピールした。ペプシ・チャレンジ・キャンペーンの一環であった。「マル金，マルビ」（渡辺和博他『金魂巻』主婦の友社），エリマキトカゲ（「ミラージュ」：三菱自動車工業），おいしい水（「六甲のおいしい水」ハウス食品），食品の面白ネーミング（「鈴木くん」「佐藤くん」：Ｓ＆Ｂ食品など）などに話題が集まり，テレホンカードや缶入りウーロン茶が登場している。

図表6-2　使用回避のフレーズ

できない	決して〜ない	ではない
ねばならない	何でもします	しない
わが社の方針ではない	私の仕事ではない	冒とく
不作法	問題	残念
恋愛の俗語（ハニー等）	努めます	時間がなかった
分からない	少し待つ	――

出所：Harris［2010］p.79.

一方，図表6-2のような，コミュニケーションの現場，最前線で，使用を控えるべきフレーズ（否定的，品位を落とすもの）がある。

ネガティブで，言い訳や下俗になるような対応にならないよう，緊急時に備えた，訓練が必要になる。通常時の対応ではなく，緊迫した，瞬間的な判断が求められる時に，適切さを欠く対応が出現する可能性があるからである。

4．ヴィジュアル・コミュニケーション

ヴィジュアル（visual）・コミュニケーションは，絵・写真・動画，文字，サイン（ピクトグラム，信号など）によって視覚に訴えるコミュニケーションであり，聴覚に訴える音声コミュニケーション，身振り，態度，接触（スキンシップ）などの感覚に訴えるバーバル・コミュニケーションなどとともにプロモ

ーショナル・コミュニケーション手段の一つである。

　ヴィジュアル・コミュニケーションは，ビジュアル・メッセージを通じて行われ，偶発的なものと意図的なものに大別され，後者は美的情報と実質的情報から構成される（Munari［1968］）。実質的情報は美的な構成要素をもたないが，美的情報は複合的な美観に依存する。ビジュアル・メッセージの媒体の，テクスチャー，フォルム，構造，モジュール，動きなどの要素が，一貫性を保ちながら使用できるように，検分され，理解されなければならない（Munari［1968］）。

　企業は，ヴィジュアル・アイデンティティの一部として，特徴的な色彩（あるいはその組み合わせ）を用いる（Schumitt and Simonson［1997］）。

　ヴィジュアル・マーチャンダイジング（merchandising）は，季節性や流行性の演出，重点製品の紹介などで，説得的で情報提供的な側面をもつ（Walters and Hanrahan［2000］）。店頭で，買い物の意思決定につながるように，見てわかり，次の（その後の）動作をイメージできることが求められる。たとえば，みずみずしいカラーリングの季節の野菜のディスプレイ，ここから野菜サラダか，主食の付け合わせか，オリジナルレシピかが想起される。関連商品の付近での配置（スクランブルド・マーチャンダイジング，クロス・マーチャンダイジング）が必要になる。

　伊豆急の河津駅前は金目鯛，東北本線宇都宮駅前は餃子，有楽町線・京葉線新木場駅は材木を使用した駅構内など，当地の名物をヴィジュアルに表現している。

　ヴィジュアル・アイデンティティは，コーポレート・アイデンティティ，プロダクト・アイデンティティ（ブランド・アイデンティティ）などとともに，哲学（フィロソフィ）や理念（コンセプト）を集約した固有の価値観を，ステークホルダーに統合的に伝達する基礎となるものである。

　見えないものを見せ，見えないものから意味を伝達する使命も担っている。同時に，よく見える（視認性）を高める工夫が，電車，バスなどの交通機関では求められる。アンビエント（ambient）・インタフェイスは，生活者をとりまく環境が，ストレスなく，操作ミスがなく，リスクなく工夫されることを想定

している。

　カラーリングやシンボライジング（象徴的デフォルメ）のほかに，ヴィジュアル面の説得のコミュニケーションとしては，グラフ化の工夫があげられる。
　ダイアグラムは，情報を簡単かつ正確に伝達するために視覚化されたツールの総称である。テーブル，グラフ，チャート，イラスト，マップ，スコア（楽譜）などがあり，アニメーション（動画）も挿入される。ポジショニング・マップは，差異をヴィジュアルに表現するために用いられるが，2軸の両端は正反対（中心がゼロ状態）になるように設定する（しかし，中心で別項目に切り替わるマップもある）。重要性や順序，階層，フロー，グループ化などが表現されるが，Web上では，1画面でまとめる，次の画面に誘導するなども加味される。
　テクスチャーは製品，素材の表面の質感，感触である。鏡面仕上げ，研磨仕上げ，ヘアライン仕上げ，バイブレーション仕上げ，ブラスト仕上げ，エッチング仕上げなどがある。金属，プラスティックの素材を生かした仕上げ方法が選択される。
　携帯電話機，ゲーム機にみられる鏡面仕上げは，＃400，＃800など，数字が上がると，反射率が高くなる。研磨仕上げのなかのスピン仕上げは同心円であるが，横に移動するスライドスピンはアルミなどの金属素材に用いられる。エッチングは，表面を化学的に腐食させて作り出され，抽象的な模様を楽しむ。自然派志向では，自然な木目や色合いが大切にされる。洋服やバックの生地の生成りという言葉も一般化してきた。
　第4章1．でも取り上げたように，黒い色は重く見える。そこで，箱の外箱をうすい緑色にしたところ，作業者の疲労感が軽減できたという（武井［1975］，Vargas［1987］）。色彩は，作業環境にも影響を与えている。

・・・・・・・・・・・・・・・・・・・・・・・・・・・・・・・・・・・・・

注
1）隆盛をみた1990年代では，「ダイエットペプシの不経済性について」というアイロニックなタイトルで，ライバル製品を明示して多量に消費しなくていけな

いことを訴え（『読売新聞』1992年3月28日），GMの比較広告キャンペーンにふれながら，「これからも，比べてください。」という正攻法で，ライバル車を明示して，価格，燃費，安全装置，サイズを具体的に比較している（『東京新聞』1992年5月13日）ケースがあげられる。外資系企業の市場への浸透，シェア拡大を図った，果敢で積極的な競争戦略の一環である。

参考文献

Cialdini, Robert B. [2001a] *Influence: Science and Practice,* Peason Education.（社会行動研究会訳［2007］『影響力の武器』誠信書房）

――[2001b] "Harnessing the Science of Persuasion," *Harvard Business Review,* October, pp.72-79.

Conger, Jay Alden [1998] "The Necessary Art of Persuasion," *Harvard Business Review,* May-June, pp.84-95.

Copeland, Melvin T. [1923] "Relation of Consumer's Buying Habits to Marketing Methods," *Harvard Business Review,* April, pp.282-289.

Denning, Stephen [2004] "Telling Tales," *Harvard Business Review,* May, pp.122-129.

Festinger, L. [1957] *A Theory of Cognitive Dissonance,* Row, Peterson & Company.（末永俊郎監訳［1965］『認知的不調和の理論』誠信書房）

Fill, Chris [1995] *Marketing Communications,* Prentice-Hall.

Geissler, G. L., et al. [2006] "The Influence of Home Page Complexity on Consumer Attention, Attitudes, and Purchase Intent," *Journal of Advertising,* Summer, pp.69-80.

Goldstein, Noah, et al. [2007] *Yes! 50 Secrets from the Science of Persuasion,* Profile Books.（安藤清志監訳［2009］『影響力の武器――実践編』誠信書房）

Levin, I. P. and G. J. Gaeth [1988] "How Consumers are Affected by the Framing of an Atrribute Information before and after Consuming the Product," *Journal of Consumer Research,* December, pp.374-378.

Harris, Elaine K. [2010] *Customer Service,* Pearson.

Kitchen, Philip [1999] *Marketing Communication,* Thomson Business Press.

Munari, Bruno [1968] *Designe e Communicazione Visiva,* Gius. Laterza & Figli S. p.a.（萱野有美訳［2006］『デザインとヴィジュアル・コミュニケーション』みすず書房）

Schumitt, Bernd and Alex Simonson [1997] *Marketing Aesthetics,* Prentice-Hall.

Vargas, Marjorie F. [1987] Louder than Words, Iowa State University Press.（石丸正訳［1987］『非言語コミュニケーション』新潮社）

Walters, David and Jack Hanrahan [2000] *Retail Management,* Macmillan.

Williams, Gary A. and Robert B. Miller [2002] "Change the Way You Persuade," *Harvard Business Review*, May, pp.65-73.
岩本俊彦［1993］『広告戦略論』創成社
榊博文［2010］『説得学』おうふう
武井邦彦［1975］『色彩の再発見』時事通信社

第7章 マーケティング・コミュニケーション－1

1．マーコムのミックス発想

　マーケティング・コミュニケーション（マーコム）に明確な定義はなく（ときには，プロモーショナル・ミックスとして言及される（Lewis and Littler ［1998］）），基本的には，マーケティングの主要な構成要素であり，マーケティング・ミックスの組成に関して，プロモーション・ミックスと関連付けてとらえることができる。[1]

　プロモーション・ミックスとして，プロモーションを検討するのは，コミュニケーション・ツールの固有の特徴があり（図表7-1），購買意思決定のプロセスにおいて，有効性がそれぞれ異なるからであり（図表7-2），あらゆる段階で，消費者の購買の後押しをしようと意図するからである。

　下記で，SP（Sales Promotion）はセールス・プロモーション，PR（Public Relations）はパブリック・リレーションズ，PS（Personal Selling）は人的販売，

図表7-1　マーコム・ツールの主要な特性

		広告	SP	PR	PS	DM
コミュニケーション	メッセージ伝達力	低い	低い	低い	高い	高い
	大衆への到達力	高い	中位	中位	低い	中位
	相互作用のレベル	低い	低い	低い	高い	高い
	信頼性	低い	中位	高い	中位	中位
コスト		高い	高い	低い	中位	中位
コントロール		中位	高い	低い	中位	高い

出所：Fill［1995］p.13.（簡略表示）

図表7-2　プロモーショナル・ミックスの相対的有効性

	知名	関心	確信	購買時	購買後
広告	高い			低い	やや高い
PR		やや高い	高い	低い	高い
SP	やや高い		低い	高い	低い
PS	低い	やや高い		高い	やや高い
DM	高位で一定				

出所：Fill［1995］p.13.（簡略表示）

DM（Direct-response Media）はダイレクト・レスポンス・メディアを指している。

　こうした状況から，コミュニケーション・チャネル（ツール）の選択と管理が戦略的テーマになる。製品やサービスの市場環境に応じた選択と管理は，統一的管理，アップデート（up-date）の可能性が検討課題である。

　一元的管理はIMC（Integrated Marketing Communication）という観点から精緻化され（Schultz et al.［1993］），広告主，広告代理店をはじめとして，マス・コミュニケーションと店頭プロモーション，街角メディアなどの連携，ブランド・コンセプトとメッセージ・チャネルの選択等，多くの分野に影響を与えている。

　アップデートに関しては，新たなメディアの進化に対応すべく取り組まれるが，伝統的メディアとの共存，補完関係の把握は，簡単ではない。模索が続くなか，広告費の配分で競合他社の動向を見比べる比較法が浮上する。

　マーコムの主要な役割は，組織とオファリング（offerings：提供される物）のプロモーションである（Fill［1995］）。マーケティング・コミュニケーションは，告知し，説得し，興味を引き購買につなげるのであるが（Shimp［1993］），マーケティング・コミュニケーションの視野，領域は広く，販売促進と同一レベルにはない。

　コミュニケーション手段として，上記以外では，スポンサーシップ（sponsorship），展覧会（exhibition, conference），セミナーなどがあげられてきた（Brannan 1995）。

しかし，利用可能なメディア（ツール）の拡大に伴って，インタラクティブ（interactive）・マーケティング，WOM (Word-of-Mouth) マーケティングも，マーケティング・コミュニケーションのプラットフォームとして組み入れられるようになっている (Kotler and Keller [2009])。これまでよりも拡大したマーコムのプログラムはブランド・エクイティの確立にも貢献することになる (Kotler and Keller [2009])。

2．ヴァリュー・プロポジション

コミュニケーションの内容・基軸は，企業（組織）によって提供されるヴァリュー (value：価値あるもの；消費者が知覚しているとは限らず，無価値，低い価値と位置付けられている場合も少なくない) である。マーケティング機会 (opportunity) の発見とヴァリュー・オファー (offer) は企業の生命線であり，新たな機会を見つけるために，ニーズの知覚，企業オファーの発見，オファーの選択，流通配送・供給方法，必要なサポートなどを検討しなくてはならない (MacMillan and McGrath [1997])。

1920年代のアニメの提供から始まったディズニーはテーマパークのほかにライブ・エンタテインメント，キャラクター，旅行業，リゾート・不動産開発，放送，映画，出版，音楽などの分野に進出している (Kotler [1999])。

製品，業務遂行，顧客との関係性でヴァリューの基準，枠組みが設定できるが，このなかのいずれかで最上位に立ち，他の基準も一定の水準を保ち，競合企業，ニーズの高まりと歩調を合わせポジションの向上に努めなければならない (Treacy and Wiersema [1994])。

製品にたいする顧客の心理的な位置づけであるポジショニングを明確にし，特質別，ベネフィット別，用途別，ユーザー別，カテゴリー別，品質・価格別，競合企業との対応 (Kotler [1999])，価格と対比させたヴァリュー・ポジショニングを選定し，トータル・ヴァリュー・ポジショニングを提示していくことが求められる (Kotler [1999])。

ポジショニングを重視する視点から，ブランド・アイデンティティの訴求，ブランド戦略の展開が推し進められている。

3．インタラクティブ・マーケティング

コミュニケーションにおいてはフィードバック (feed back)，ツーウェイ (two-way) 性が欠かせない (Cartwright [2002])。フィードバック，ツーウェイはインタラクティブ性 (ineteractiveness) を表し，インタラクティブ・マーケティングは，コミュニケーションの基本である双方向性に焦点を当てたマーケティングであり，ネットワーク・メディア（インターネット）の介在を前提としている。[2]

一方で，サービス・マーケティングにおいて，従業員と消費者のつながりをインタラクティブ・マーケティングとする見方もある (Kotler [1997])。

web 上での取り扱いとなるため，時間的に機敏な対応性があり，ニーズへ柔軟に応じることができ，個別性が発揮され，広告効果測定もマス広告に比べれば容易になる。こうした利点のため，インタラクティブ・マーケティングの成長・拡張は大きいといえるが，双方向性はもはや当然の基盤であり，競争優位性のための源泉ではなく，マーケティング戦略のなかで固有の領域を形成しているとはいえない状況下にある。

他方，web 利用者の積極的な関与がなければ，その利点を情報発信者は享受できない。そのため，7C (context＝レイアウト・デザイン，content＝内容，community＝ユーザーの意思疎通の場，customization＝ユーザー別対応，communication＝コミュニケーションの可能性，connection＝他のサイトとのリンク，commerce＝取引可能性）とよばれる Web 関連の設計要素が検討されることになる (Kotler and Keller [2006])。

4．WOM マーケティング

　WOM（Word of Mouth）マーケティングは，購買や使用のメリットや経験に関する人対人の，口頭，紙上の，電子メディア上のコミュニケーションである（Kotler and Keller［2009］）。

　WOM は日々のトーク（talk：会話，うわさ）であり，名声（reputation）や電撃的キャンペーン（blitz）に大きくかかわっている（Wilson［1994］）。伝統的なマーケティング・モデルは企業から消費者への情報発信で成り立っていたが，バズ・マーケティング・モデルでは消費者の縦横無尽な情報の受発信が前提となる（Hughes［2008］）。

　そのため，WOM，うわさ，バズ（buzz：ある時点における企業や製品に関するコメントの合計：(Rosen［2000］））をコミュニケーション・ツールとして，情報発信サイドは管理しようと試みる。しかし，バズは見えないネットワークでつながっていて（Rosen［2000］），管理可能性は高くないようにうつる。BMW の Z3 のような感性に訴える，波及力のある感染型製品（contagious products）ではバズで勢いがつく（Rosen［2000］）。

　有効性の高くない紙ベースのバズではなく，インターネットを活用したバズは，バイラル（viral）・マーケティングとよばれる（Rosen［2000］）。ワーナー映画『*Batman: The Dark Knight*』は，ウェブサイトで人気を博し，伝統的な広告に依存しないでも成果を上げられることを示した。マーケティング・メッセージを人々に伝えることを容易にし，促進するマーケティング現象で，人から人へと感染することから名付けられている（Marshall and Johnston［2010］）。

　インターネットで人が集まったコミュニティにたいして，そこを市場とみなすコミュニティ・マーケティングは，製品開発や改良のためのアイデアの宝庫となる一方で，購買力には直結しない可能性もある。＠コスメのような，クチコミサイトもあるが，集まった人たちを，企業はファンやパートナーとしていかに育成できるかが課題となる。

　いずれにせよ，希少性，型破り，イベントとの連携性，製品の可視性などが，

バズの管理,維持上重要になる(Rosen [2000])。

―――――――――――――――――――――――

注
1) マーケティング・コミュニケーションは辞書(たとえば AMA : Benett の辞書[1988], 円サイクロペディックな取り組みの Mercer [1999], 関連文献, 理論を紹介する Dacko [2008])には登場しない, なじみの薄い用語の一つ(マーケティング・コミュニケーション・ミックスという言葉がマーケティング・広告関連の辞書で登場している:Rosenberg [1995])であるが, マーケティング・コミュニケーションズが一般的な表記(たとえば, Lewis and Littler [1998])である。本書ではマーケティング・コミュニケーション(使用例, Varey [2002])として表記している。
2) オンライン・マーケティング, サイバー・マーケティング(Bickerton, Pauline et al. [1996] *Cybermarketing*, Butterworth-Heineman), インターネット・マーケティング(Brendenberg, Alfred [1995] *The Small Business Guide to Internet Marketing* (高橋哲夫訳 [1997]『インターネットマーケティングの鉄則』日経 BP 社)とよばれることもある。

参考文献
Anderson, Alan H. and David Kleiner [1995] *Effective Marketing Communications*, Blackwell.
Benett, Peter D. [1988] *Dictionary of Marketing*, AMA (American Marketing Association).
Brannan, Tom [1995] *Integrated Marketing Communications*, Kogan Page.
Cartwright, Roger [2002] *Mastering Marketing Management*, Palgrave.
Dacko, Scott G. [2008] *The Advanced Dictionary of Marketing*, Oxford.
Fill, Chris [1995] *Marketing Communications*, Prentice-Hall.
Feiman, David J. ed. [1983] *What Every Manager Needs to Know about Marketing*, AMA COM.
Hughes, Mark [2008] *Buzzmarketing*, Portfolio.
Kotler, Philip [1997] *Marketing Management*, Prentice-Hall.
――[1999] *Kotler on Marketing*, Free Press.
――and Kevin Lane Keller [2006] ; [2009] *Marketing Management*, Prentice-Hall.
Lewis, Barbara R. and Dale Littler [1998] *Encyclopedic Dictionary of Marketing*, Blackwell.
MacMillan, Ian C. and Riat Gunter McGrath [1997] "Discovering New Points of Differentiation," *Harvard Business Review*, July-August, pp.133-145.

Marshall, Greg W. and Mark W. Johnston [2010] *Marketing Management*, McGraw-Hill.

Mercer, David [1999] *Marketing, The Encyclopedic Dictionary*, Blackwell.

Oglesby, Mark [1994] *Marketing Communications for Solicitors*, Cavendish Publishing Limited.

Rosen, Emanuel [2000] *The Anatomy of Buzz*, Doubleday.（濱丘豊訳［2002］『クチコミはこうして作られる』日本経済新聞社）

Rosenberg, Jerry M. [1995] *Dictionary of Marketing & Advertising*, Wiley.

Shimp, Terence A. [1993] *Promotion Management and Marketing Communications*, Dryden.

Schultz, Don et al. [1993] *Integrated Marketing Communications*, NTC.（有賀勝訳［1994］『広告革命―米国で吹き荒れるIMC旋風』電通）

Treacy, Michael and Fred Wiersema [1994] *The Disciplines of Marketing Leaders*, Addison-Wesley.

Varey, Richard D. [2002] *Marketing Communication*, Routledge.

Wilson, Jerry R. [1994] *Word-of-Mouth Marketing*, Wiley.

第8章 マーケティング・コミュニケーション−2

1．消費者の意思決定プロセス

　消費者の意思決定モデルとして，まず，古典的な刺激―反応（stimulus-response）型モデルがあげられる。刺激―反応型モデルの代表はハワード＝シェス・モデルであり，刺激（企業における働きかけ）によって選択肢に検討を加え，購買に至る過程を分析するものである（Howard and Sheth［1969］）。

　1970年代の末期になると，目標達成のために情報を収集・分析して合理的な購買活動を行う情報処理（information processing）型の意思決定モデル（代表は，ベットマン・モデル）が提唱される（Bettmann［1971］）。消費者の情報処理力に着目して，購買のプロセスを分析するものである。

　しかし，消費者は必ずしもすべての製品に対して，冷徹に合理的，精緻に情報を分析利用して，購買活動を行っているわけではない。ブランドの絞り込みは，入手可能集合（available set）から知名集合（aware set；非知名集合が脱落）→処理集合（processed set；非処理集合が脱落）→想起集合（evoked set；保留集合＝hold set，拒否集合＝reject set が脱落）→選択（その他の想起集合が脱落）（Brisoux and Cheron［1990］）という，ロジカルなフローで捉えることができるが，すべてのブランドにあてはまるわけでもない。[1]

　そこで，精緻化見込モデル（Elaboration Likelihood Model：ELM）が新たに提唱されている（Petty and et al.［1983］：Petty and Cacioppo［1986］）。ELMは，態度決定に関して，論理的な処理を行う中心（central）ルートに，感情主体の処理を行う周辺的（peripheral）ルートを加えた2コース立てとしたところに大きな特徴がある。両者の違いは消費者の動機づけの程度，努力（能力）に依存

するもので，中心ルートは動機づけの程度や製品知識が高いケースであり，周辺ルートは動機づけの程度が低く，感覚的な要因に大きく作用するケースである（Petty and et al. [1983] :Petty and Cacioppo [1986]）。

ELM は，情報処理型モデルを補完するモデルとして位置づけられ応用可能性の広がりも期待される（Bitner and Obermiller [1985]）が，比較情報を提示する広告か否かなどの点からも，2ルートの識別利用の検討が加えられている（Droge [1989]）。

2．消費者反応モデル

消費者の意思決定のパターンは，購買への関与度合いで低いほうから順に，習慣的意思決定，限定的意思決定，拡大的意思決定があり，第3の拡大的段階では多くの代替案があり，購買後の不調和，複雑な評価が想定される（Hawkins et al. [1991]）。

認知的不調和(cognitive dissonance：不快な緊張状態を回避しようとする試み：Festinger [1957]）が生じるような場合は，知覚される製品性能からの期待とのずれが不満足になり，耐久消費財では特に，購買の意思決定の正当性をフォローするような取り組み，広告展開では長期的な視点が求められよう。製品，ブランド，企業に対する消費者の「ファン化」(伝道師化＝ apostle) も重要な選択肢となる。代表的な消費者反応モデルは，次のようにまとめられる。

AIDA はストロング（E. K. Strong）によって 1925 年提唱に提唱された伝統的モデル，効果階層モデルはラビッジ＝スタイナー（Lavidge=Steiner）の 1961 年の提示，イノベーションの採用モデルはロジース（Rogers）の 1962 年の提示である。コミュニケーション・モデルは多数の提示がある（Kotler [1991]）。[2]

AIDA に S (satisfaction) を加えたものが AIDAS，C (conviction) を加えたものが AIDCA，M (memory) を加えたものが AIDMA である。インターネットの普及とともに，新たな購買モデルの検討が進んでいる。[3] DAGMAR モデルは提唱者コリー（Colley）の文献（Defining Advertising Goal for Measured Adver-

図表 8-1　消費者反応モデル

	AIDA	効果階層モデル	イノベーション採用モデル	コミュニケーション・モデル
認知段階	注意 ↓	知名 ↓ 理解 ↓	知名 ↓	露出 ↓ 受容 ↓ 認知的反応 ↓
情動段階	関心 ↓ 欲求 ↓	好意 ↓ 選好 ↓ 確信 ↓	関心 ↓ 評価 ↓	態度 ↓ 意図 ↓
行動段階	行為	購買	試用 ↓ 採用	行動

出所：Kotler [1991] p.573.

tising Results：1961年）の頭文字から命名されたもので，未知→知名→理解→確信→行動の5段階のコミュニケーションである。このモデルでは，広告のタスクをコミュニケーションに限定し，事前に広告目標を設定し，その達成を管理するところに大きな特徴がある（Dutka [1995]）。

3．マーコム・スペクトラム

　マーコムのスケルトン（skelton：構造）を表すマーコム・スペクトラム（spectrum：分解図）は，次ページのように表せる。

　マーコム・スペクトラムは，マーケティング諸力と抵抗諸力のはざまで，購買過程が影響を受けることを示している。マーケティング諸力と抵抗諸力に関して，市場における交換スタイルが多様化した現在では新たな項目の追加が想

図表 8-2　マーケティング・コミュニケーション・スペクトラム

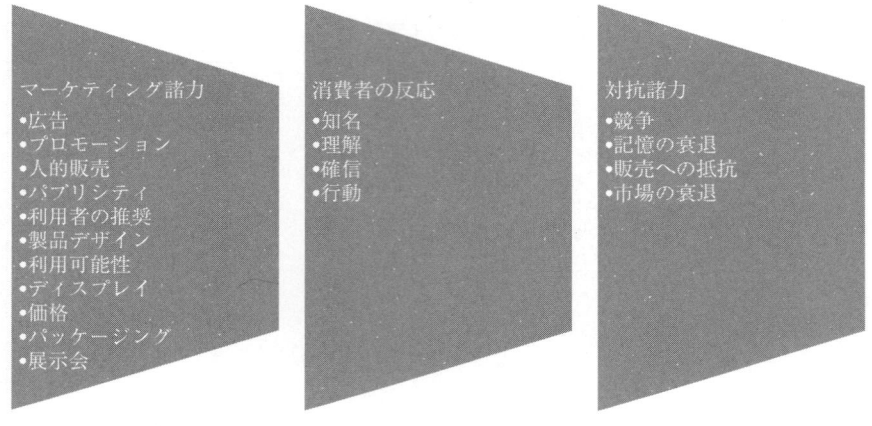

マーケティング諸力
- 広告
- プロモーション
- 人的販売
- パブリシティ
- 利用者の推奨
- 製品デザイン
- 利用可能性
- ディスプレイ
- 価格
- パッケージング
- 展示会

消費者の反応
- 知名
- 理解
- 確信
- 行動

対抗諸力
- 競争
- 記憶の衰退
- 販売への抵抗
- 市場の衰退

出所：Colley［1961］p.286.（一部，加筆）

定されるが，ネガティブな情報や雰囲気に，いかに適正に対抗するかという選択肢が浮上する。記憶や識別を明確にするために，購買のための意思決定の流れを web 関連の視点から分析する必要もある。

　入手可能集合から知名集合が集約され，さらに考慮集合，選択集合，最終決定へとつながる流れ（Kotler and Keller［2009］）のなかで，フィルターからこぼれおちない印象やイメージの形成のためには，情報探索に，商業的，公共的情報源のほかに，経験的側面を加え（Kotler and Keller［2009］），バズ，WOM を引き起こしていく必要がある。

4．プライス・コミュニケーション ◇◆◇◆◇◆◇◆◇◆◇◆◇◆◇◆◇◆◇◆◇◆

　価格は品質，グレードを表現したものであり，市場での交換の指針となり，交換を促進するような価格設定（pricing）がなされている。逆に，品質，グレードに評価基準をもたない場合は，評価・選定の価格設定が参考になる。しかし，新製品に関する価格設定では，市場競争を考慮して，1ステージ落とした

図表 8-3　新製品の価格設定

品　質	価　格
低　い	より低い
同　等	低　い
高　い	同　等
より高い	高　い

出所：Nilson［1992］p.160.

意思決定が検討される。

　上記の視点は競争的価格設定であるが，顧客視点での（心理的）価格設定（均一価格や上限設定価格，端数価格等），コスト・プラス（コストを積み上げて値決めされる）型設定などがある。コスト・プラス法に関連して，平均的利益率を設定して値決めされるもの，目標利益確保型価格設定もある。

　参照価格（reference price）は，消費者が自らの経験・知識をもとに設定している価格（内的参照価格），企業が表示している価格（外的参照価格）の二面があり，自らの相場感で表示価格を評定する。しかし，新規ジャンルの製品や既存の枠組みからはずれる製品，相次いで新製品が発売される情報通信機器などでは，内的参照価格は形成されにくい。外的参照価格に関して，実売価格の安さを強調するため，不当な二重価格の表示の摘発（景品表示法違反）が公正取引委員会から行われたこともある。

　ペネトレーション（penetration）・プライスは，普及や継続性確保のために初期の価格設定を安価にするものである。消耗品とのセット販売とも組み合わされる価格設定である。他社の模倣，参入を防ぐことができる。反対軸に位置するのが，スキミング（skimming）・プライスである。上澄み吸収価格とも呼ばれ，初期価格を高く設定して，のちの価格下落に対応するものである。イノベーターを対象に，短期で収益を上げられる可能性がある。新製品では，参照価格の植え付けとなり，ハイブリッド車のように（プリウスとインサイト），他社の参入時の価格設定にも影響を与えることになる。

　大型店の品揃えだけでなく，特定のブランドにおいても，幅広い価格帯が形

成されている。価格帯が幅広いために、乗用車のように、上位の価格は、ランクが上の製品の下位価格と重複する事態も発生している。また、価格を見極めるために、食品でユニット・プライシングが設定されている。100g当たりの価格を見比べれば、合理的選択ができていると実感させられる。

5．経験価値マーケティング

ディズニー・テーマ・パークス（Disney Theme Parks）は、fairly kingdom, pirate ship, haunted house を訪れることで経験を提供しており、経験（experiential）マーケティングの展開を意味する（Kotler and Keller［2009］；粟田［2001］）。

また、製品使用にかかわる経験は、これまで、焦点が当てられてこなかったことを踏まえ、ファンタジー（fantasy），フィーリング（feeling），ファン（fan）という経験価値の重要さが訴えられることになった（Holbrook and Hirshman［1982］）。また、ヘドニック・コンサンプション（hedonic consumption：快楽消費）というネーミングによっても注目を集めることとなった。

コストより時間，問題解決より快楽消費，情報獲得より情報探索など，これまでの消費者行動の分析とは大きく異なるアプローチが提唱されている（Holbrook and Hirshman［1982］）。心理的，感覚的要素に比重を置いた解釈的側面を強く打ち出した分析，研究である。

顧客を魅了し，サービスを思い出に残るイベントに変える経験価値重視の時代に突入している。顧客満足は，顧客の期待と経験が一致したときに高くなる（Meyer and Schwager［2007］）。経験価値のウェイトが高い経験経済の段階では，差異の明確でないコモディティに経験という付加価値を付け加えることで，優位性，競争力を獲得することができることが指摘される（Pine Ⅱ and Gilmore［1999］）。香りや音楽，デザイン小物も含めた店舗の雰囲気やコンタクトパーソンの態度なども，経験価値マーケティングの展開では，重要な要素になる。経験を鮮やかにするのは，エンタテインメント，エデュケーション，エスケープ（脱日常），エステティック（審美性）の4つのEで表わされる領域である

(Pine II and Gilmore[1999])。フィルハーマジック（TDL；2011年1月導入）では，水滴，風，香りが3Dと一体化して，ゲストを魅了する。

経験価値マーケティングでは，SENSE（五感），FEEL（情動），THINK（クリエイティブな思考），ACT（肉体が関連する経験），RELATE（他者との関係）によって構成される戦略的経験価値モデュール（Strategic Experiential Module：SEM）の包括的な組み合わせが検討され，個人的な経験価値と共有された社会的経験価値とを区別して対応することが求められる（Schumitt［1999］）。

ハッピーな気持ちにしてくれる，あるいは微笑を誘う「モノ」を，人間の認知，情動のから捉えなおしていく統合的なアプローチは，「エモーショナル・デザイン」（Norman［2004］）として知られるようになっている。

エモーショナルな側面は，ブランディングにも，当然の帰結として，消費者とブランドを結びつける新たなパラダイムとして展開されるようになる（Gobe［2001］［2009］）。

自らのニーズに役立つよう環境を操作している（manipulate）という意味では，誰もがみな，デザイナーになれるのである（Norman［2004］）。

注

1) 知名集合の下位に，想起集合，曖昧集合（inert set），不適切集合（inept set）を置くことも提唱されている（Narayama and Markin［1975］）。
2) ニコシア（Nicosia）・モデルでは，企業属性，消費者属性をベースに，態度，探索評価，動機付け，意思決定，購買・消費から経験を経て消費者にフィードバックされるような属性重視型になっている（Crane［1972］）。
3) 電通はネット時代の購買行動として2005年にAISAS（Attention→Interest→Search→Action→Share）モデルを提唱している。

参考文献

Anderson, Rolfe E. [1973] "Consumer Dissatisfaction: The Effect of Disconfirmed Expectancy on Perceived Product Performance," *Journal of Marketing Research*, February, pp.38-44.

Bettman, James R. [1971] "The Structure of Consumer Choice Processes," *Journal of Marketing*, November, pp.465-471.

Bitner, M. J. and C. Obermiller [1985] "The Elaboration Likelihood Model: Limitations and Extentions in Marketing," *Advances in Consumer Research*, 12, pp.420-425.

Brisoux, Jacque E. and Emmanuel J. Cheron [1990] "Brand Categorization and Product Involvement," *Advances in Consumer Research*, 17, pp.101-109.

Colley, Russel H. [1961] "Defining Advertising Goals for Measured Advertising Results," Association of National Advertisers of New York, pp.49-60. (in Raymond J. Laurence and Michael J. Thomas ed. [1973] *Modern Marketing Management*, Penguin Modern Management Readings, pp.282-292.)

Crane, Edgar [1972] *Marketing Communication*, John Wiley and Sons.

Droge, Cornelia [1989] "Shaping the Route to Attitude Change: Central versus Peripheral Processing through Comparative versus Noncomparative Advertising," *Journal of Marketing Research*, May, pp.193-204.

Dutka, Solomon [1995] Dagmer, NTC. (八巻俊雄訳『新版目標による広告管理』ダイヤモンド社)

Festinger, Leon A. [1957] *A Theory of Cognititive Dissonance*, Stanford University Press.

Gobe, Marc [2001] [2009] *Emotional Branding*, Allworth Press.

Hawkins, Del. E. et al. [1991] *Consumer Behavior*, Irwin.

Holbrook, Morris B. and Elizabeth C. Hirshman [1982] "The Experiential Aspects of Consumption: Consumer Fantasies, Feelings, and Fun," *Journal of Consumer Research*, 2, pp.132-140.

――and Rajeev Batra [1987] "Assessing the Role of Emotions as Mediators of Consumer Responses to Advertising," *Journal of Consumer Research*, 3, pp.404-420.

Howard, John A. and Jagdish N. Sheth [1969] *The Theory of Buyer Behavior*, John Wiley and Sons.

Kotler, Philip [1991] *Marketing Management*, Prentice-Hall.

――and Kevin L. Keller [2009] Marketing Management, Prentice-Hall.

Meyer, Christopher and Andre Schwager [2007] "Understanding Customer Experience," *Harvard Business Review*, February, pp.116-126.

Narayama, Chem and Rom J. Markin [1975] "Consumer Behavior and Product Performance: An Alternative Conceptualization," *Journal of Marketing*, Autumn, pp.1-6.

Nilson, Torstein [1992] *Value-Added Marketing*, McGraw-Hill.

Norman, Donald A. [2004] *Emotional Design*, Basic Books.

Petty, Richard E. et al. [1983] "Central and Peripheral Routes to Advertising Effectiveness: The Moderating Role of Involvement," *Journal of Consumer Research*, September, pp.135-146.

―and John T. Cacioppo [1986] *Communication and Persuation*, Splinger-Verlag.

Pine Ⅱ, B. Joseph and James H. Gilmore [1999] *Experience Economy*, Harvard Business School Press.

Schumitt, Bernd H. [1999] *Experiential Marketing*, Free Press.

―[2003] *Customer Experience Management*, John Wiley and Sons.

―and Alexander Simonson [1998] *Marketing Aesthetics*, Free Press.（河野龍太訳 [1998]『エスセティクスのマーケティング戦略』

粟田房穂 [2001]『ディズニーリゾートの経済学』東洋経済新報社

第9章 プロモーショナル・コミュニケーション

1．PLC別対応

　プロダクト・ライフ・サイクル（Product Life Cycle＝PLC）は，製品が市場に投入され，販売され，市場から退出するまでの一連の流れを指し，縦軸に販売量，横軸に時間をとり，ベルカーブを描く形で表現される。

　市場に投入後，数週間で撤去される線香花火型製品，ブームになるまで長時間を要する演歌型製品（線香花火型製品ではなく市場に受け入れられるとの扱いが必要：必然的に研究開発費の大きい製品や基幹製品の一部を形成していることが要件）などがあり，必ずしも，正規分布（ベル・カーブ）を描くわけではない。

　PLCは各ステージの特徴に応じて，図表9-1のように，導入期，成長期，成熟期，衰退期4段階に分けられる。[1]

　また，安定期（成熟（停滞）期）にはいると，補強活動が展開されるので，一気に市場から撤退するわけではない。乗用車は3年を過ぎるころからマイナー・チェンジが施され，販売のテコ入れが図られるが，当初のピークに追いつかないことが多い（追いついたのは，2000年初頭にマイナー・チェンジされた日産自動車のウイングロードくらいである）。

　活用可能な経営資源は限られており，市場対応に失敗した場合，ネクスト・チャンスがあるとは限らない。成熟傾向が現れたら，新しい製品特性の追加・訴求，新しい使用者，新しい用途の開拓を行い，延命を図っていくことになる。こうした画一的な捉え方は製品と市場の関係を狭く捉えるもので，対応の類似化のきらいがある（Moon ［2005］）。

図表9-1　PLCの各ステージの特徴と対応

	導　入　期	成　長　期	成　熟　期	衰　退　期
競　　争	取るに足りない	若干の競争相手	多くの競争相手	ふるい落とし，少しの競争相手
全般戦略	市場の確立	市場の浸透	ブランド・ポジションの防衛	製品退出の準備
広告戦略	初期購入者のニーズに焦点	市場にベネフィットを訴求	差異の強調	安価を強調
広告努力	高い	ノーマル―クチコミ配慮	ノーマル―認知維持	必要最低限
販促費用	多い	ノーマル	多い―スイッチングの促進	必要最低限

出所：Dhalla and Yuspeh［1976］p.104.（一部，省略）

ステージを見極めることが大切であるが，ステージ区分事態が曖昧で，売上高の推移曲線を PLC 曲線とよび，トートロジーに陥っているとの指摘もある。生物界ではライフサイクルの各ステージは明確で，不可逆的であるが，市場においては販売額の変動は不可避であり，恣意的な曲線に拘束される必然性は乏しい（Dhalla and Yuspeh［1976］）。

また，製品を，製品タイプ（たとえば乗用車），製品クラス（製品タイプのなかでファミリーセダン），ブランド（ファミリーセダンのなかで特定企業の特定ブランド）のどのレベルで捉えるかについても論議はある。製品クラス全般が衰退して（乗用車の販売額に占めるセダン比率の低下），それに連動する場合と連動しない場合がある。どの程度の市場規模を安定的とみなすか，維持すべきかは全般的経営政策，戦略次第である。

各ステージにおける製品のポジショニングを修正する（導入期にステルス（stealth）・ポジショニング，成熟期にブレイクアウェイ（breakaway）・ポジショニング，リバース（reverse）・ポジショニングを施す）ことで，収益性の高い成長段階に進めることができる（Moon［2005］）。

ステルス・ポジショニングは，IKEA のように（低価格は倉庫展示，自分で製品を組み立てることで実現）マイナスのイメージを伴う製品を受け入れられ

るカテゴリーと関連付けることで成長期が導ける。ブレイクアウェイ・ポジショニングはスウォッチ（swatch）のように従来のカテゴリーから抜け出して新たなカテゴリーへと移行し，リバース・ポジショニングはマック・ミニ（Mac Mini）のように属性を整理し意外性の高い属性を付与することで，成熟期から成長期へとステージをバックさせることができる（Moon［2005］）。

　1960年にその概念が紹介（McCarthy［1960］）されて以来，その妥当性や応用性などに関して活発な論議が展開されてきたが（たとえばLevitt［1965］，Stanton［1981］，Kotler［2003］），わが国の公務員試験（経営分野）にも出題されるテーマでもあり，一定の領域を形成しているといって差し支えない。[2]

２．市場地位別対応

　市場シェア別に，製品がどのポジションに位置づけられるかで，市場への対応が異なる。

　実際には，こうしたシェア別の構成になっている業界はわが国では見いだされない。リーダーが40％のシェアを取ると，チャレンジャー以下の追走は，ランチェスターの法則をあげるまでもなく，価格設定，チャネルへの配慮などで厳しいからである。[3]

　しかし，上記のリーダー，チャレンジャー，フォロワーの戦略的行動の特徴は，市場競争の分析にあたって強く意識され，市場対応の指針とされている。

　ニッチ（niche）は壁のくぼみや隙間を意味する。ニッチャーは，低いシェア

図表9-2　市場地位別行動

市場での地位	市場シェア	行動上の特徴
マーケット・リーダー	40％	市場規模・シェアの拡大
マーケット・チャレンジャー	30％	リーダーやフォロワーへの攻撃
マーケット・フォロワー	20％	模倣，低価格で地位の維持
マーケット・ニッチャー	10％	隙間市場に集中，攻撃回避

出所：Kotler［1980］pp.272-288.（一部，省略）

のままで「舟を揺らすな」的な，機敏な対応は得意であるが，競争回避型の目立たない存在に徹している。当該市場が効率性や成長性，規模でうまみがなく，対応に苦慮することを情報発信していくことすらある。反面，ニッチ・トップを目指して，活発に行動することもある。業界やブランドの拡大が長期的な目標であり，こうした過程を経て，大きく成長している企業もある。

　市場動向や規模に目を向けず，シェアだけを追い求めるのは，真の市場リーダーではない。リーダーには，市場を育成し，市場での模範となるコンプライアンス，環境配慮，社会的貢献も求められる。

3．ライフスタイル別対応

　マーケティング戦略の展開上，ターゲット消費者はいくつかの基準でクラスター化されている。

　ジオグラフィック（地理的）要因，デモグラフィック（人口統計的）要因のほかに，サイコグラフィック（心理的・行動的）要因で消費者を類型化することは困難を伴うが，独自のフェーズ (phase) を見出すことで，対応の効率性が向上し，有望な顧客を囲い込むことにつながる。

　ライフスタイル分析の発想は，生産性向上努力の限界，「モノ」発想の行き詰まり，生活者志向への対応から，社会学で培われてきた理念をマーケティングに応用するものであり（村田他 [1975]），観察，情報，主観が重要になる (Hanan[1971])。選定されたクラスターには固有の名前が付与される。そこでは，製品・サービスの広範な代替案の提供，製品開発への市場志向の具体的組み入れ，市場化リスクの低減が図られる (Hanan [1971])。

　ライフスタイルは，人生におけるライフサイクルの影響を受ける (McDaniel Jr. [1979])。独身時代に求められる乗用車のニーズは家庭をもった後では変わる可能性が高いように，購買や余暇に対する価値観，重点は異なってくる。

　「金曜日はワインを買う日。」(1972年：サントリー) は，週休二日の定着をにらんだ，新たなライフスタイルの提案であった。「男は黙ってサッポロビール」

(1970年：サッポロビール）は，当時は共感を得て，後の類似訴求（たとえば，「男なら，モルツ。」(1994年：サントリー））もでたほどだが，現代とは広告メッセージの受け止め方が異なろう。

　購買努力に対する製品類型化も論議はあるが，ライフスタイル上の個性を無視したアプローチは効果が期待できず，ネガティブな結果をもたらす可能性が高い。生活重視社会になるとしても，消費は自己表現であり，変わる消費社会を見据えなければならない。

　合理的ライフスタイルとみなされる消費者は，買回品，専門品の選択で合理的意思決定を行うことが想定される。合理的処理のためには，客観的データや大衆の支持が重要になる（菅原［1991］）。

　感覚的ライフスタイルとみなされる消費者は，買回品，専門品の選択で感覚的意思決定を行うことが想定される。感覚的処理のためには，楽しさ，面白さや現代的フィーリングなどが重要になる。

　かくして，銀行や百貨店，量販店などでライフスタイル・セグメンテーション戦略が実行に移され，プロモーショナル・コミュニケーションが展開されてきたのである（小島・村田［1976］）。

注
1）PLC 3段階説は，開拓期，競争期，維持期に分けるものであり，広告管理（開拓広告）（競争広告）（維持広告）の分野で多用されている。5段階説は，成長期と成熟期の間に競争期を設ける。競争期の対応に注力しようとするものである。
2）ここでは，その後，共著となって版を重ねていく著者のものをあげた。国家Ⅱ種平成20年，国税専門家試験平成14年，15年，18年などの出題は問題全体が当該テーマである。
3）ランチェスターの法則では，安定の最低条件は26.1％，1位が30％を超えると一挙に差が開くとされる。リーダー企業が41.71％以上を占めた場合，他の企業は伸びなくなり，新規参入も絶望的になるという（たとえば，『日本経済新聞』1969年3月6日）。
　リーダーの40％を基準に，業界・カテゴリーを見ると，衣料用合成洗剤は花王40％，ライオン32％，P&G26％，その他1％，デジタル一眼レフカメラは，キヤノン40％，ニコン40％，ソニー9.2％，オリンパス5％，ドリンク剤・ミニドリ

ンク剤は，大正製薬41％，佐藤製薬11％，大鵬薬品工業 8 ％，武田薬品工業 7 ％，生産財でもフォークリフトは42％，コマツユーティリティ18％，三菱重工業・ニチユ G17％， TCM 9 ％，板ガラスは，旭硝子40％，日本板硝子31％，セントラル硝子17％，ガーディアン 2 ％などとなっている（たとえば，『日経産業新聞』2009年 8 月 3 日～ 6 日）。

参考文献

Dhalla, Nariman K. and Sonia Yuspeh [1976] "Forget the Product Life Cycle Concepts!", *Harvard Business Review*, January-February, pp.102-108.
Hanan, Mack [1972] *Life-Styled Marketing*, AMA. (村田昭治・井関利明訳 [1975] 『ライフスタイル戦略』ダイヤモンド社)
Kotler, Philip [1980] [2003] *Marketing Management*, Prentice-Hall.
McCarthy, E. Jerome [1960] *Basic Marketing*, Richard D. Irwin.
Levitt, Theodore [1965] "Exploit the Product Life Cycle," *Harvard Business Review*, November-December, pp.81-94.
McDaniel Jr., Carl [1979] *Marketing*, Harper & Row.
Moon, Yougme [2005] "Break Free from the Product Life Cycle," *Harvard Business Review*, May, pp.86-94.
Stanton, William J. [1981] *Fundamentals of Marketing*, McGraw-Hill.
小島外弘・村田昭治編［1976］『マーケット・セグメンテーションの新展開』ダイヤモンド社
菅原眞理子［1991］『変わる消費社会』NTT 出版
村田昭治他編［1975］『ライフスタイル発想法』ダイヤモンド社

第10章 広告コミュニケーション

1．広告戦略

　広告とは，広告主を明示した非人的媒体を活用した市場，ターゲット・オーディエンスに向けた製品，サービス，企業に関するメッセージ (Shapiro[1981])，あるいはコミュニケーションである (Bennett [1988])。

　認知度を上げ，情報を伝達し，物語を展開し，アイデンティティを確立し，流れを生み出すのが広告であるが，実行性のある広告の目的は，熟考されたもので，明白で，簡潔で，目的が明確にされ，基準を設けて (calibrated)，測定可能でなくてはならない (Kitchen [1999])。

　欲求の刺激，需要創造，信頼性・知覚品質の向上が広告の機能として求められるが，逆に，販促機能に対する異議も唱えられている。

　また，ほとんどの広告は低質でイライラさせ，たとえば「山道を時速100マイルで疾走することを表現する広告」はクルマの名前すら想起できないことが指摘されている (Kotler [2003])。同様，類似の訴求が多く，情報の受信者（消費の意思決定者）には競争優位性の差異の正確な識別は難しい。

　さらに，テレビ・コマーシャルの売上への影響力に関しては，ほとんど影響なし，あるいは無きに等しく，クリストファー・コロンブスほどテレビ広告担当役員にふさわしい人材はいないという辛辣な指摘がある。目的地も決めず出港し，たどり着いた場所がどこなのかもわからず，航海資金はすべて人任せであったからというのがその理由である (Boyett and Boyett [2004])。

　ソフトバンクは，2009年携帯電話サービスの国内契約数シェアを19.2%で1.1%増加させた。NTTドコモ，KDDI (au) がそれぞれ1.2%，0.8%低下して

いるなかで，純契約増（＝新規契約−解約）は204万件で2年連続トップであった（『日経産業新聞』2009年8月4日）。2007年1月から導入された月額基本料980円のホワイトプランの奏功か，テレビなどの広告の効果かは判断が難しい（両者のシナジー効果としても，貢献度割合の抽出も同様である）。

　広告は，PR（public relations）やSP（sales promotion），人的販売とともにプロモーションの一角を形成し，製品，価格，流通とともにマーケティング・ミックスを構成している（McCarthy［1960］）。広告が単独で，販売やセールス・フォース（sales force：販売部隊）を支援しているわけではない。[1]

　広告のミッション（mission：使命や目的）の設定の後に，これまであまり論じられることのなかった予算管理を置き，メッセージ，メディアの検討に入り，測定が行われるフローも提示されている（Kotler［2000］）。景気後退期になると，広告出稿が減り，広告費が削減される状況は，広告活動は不況期には効果が期待できないことを一面ではあるが示唆していることにも，目を向けていかなければならない。

2．広告のタイプと特性

　広告には，主体（広告主）別，訴求内容・訴求対象別，利用メディア別に様々なタイプがある。メッセージの未到達を防備するため，訴求対象別に広告は組み合わせて活用され，多様なプロモーションと連結される。

　テレビ，ラジオはオーディエンスによるさほどの努力なく広告メッセージが受容されるが，インターネットでは，少なくとも意思をもって検索行動をすることが前提となっており，能動的の程度に関する差異から生まれる広告効果に注目が集まる。テレビは，五感にかかわるリーチの広いメディアとして，視聴率の問題（たとえば，視聴質という測定尺度の導入の検討）はあるが，近年では2005年から広告費は低下傾向にある（電通『日本の広告費』）が，1975年に新聞広告費を上回って以来，約2兆円の規模（2009年）で広告メディアの中軸である（地上波テレビの事業者別年間平均視聴率は低下傾向にある（電通総研編『情報

図表10-1　メディアの特性

	ターゲット性	訴求力	接触方法	エリア性	コスト性
テレビ		○	○	○	○
雑　誌	○	○	△	△	○
新　聞		○	○	○	○
ラジオ		○	○	○	○
インターネット	○		△		
交通広告	○				△
折込広告				○	
ＤＭ	○				△
フリーペーパー	○	△	△	○	○

出所：筆者作成（○＝該当，△＝やや該当，ただし当てはまらないケースもある）[2]

メディア白書2009』ダイヤモンド社））。

　インターネット広告が拡大する形（2004年にラジオ広告費を，2007年に雑誌広告費を上回る）が続き，ラジオ業界は新たなドメインとして，出力が小さい超短波の周波数でコミュニティFMの開局に注力している。

　フリーペーパーは，配布方法や編集内容によっては，セグメント性があり，大きな効果が期待できるが，創刊ラッシュで市場が飽和化し，特徴，個性が希薄化しつつある。

3．メディアとメッセージの選択

　メディアには，固有の特性があり，それを生かして組み合わせるメディア・ミックスの展開が基本形態となる。雑誌のように，ライフスタイルや趣味，地域性でターゲットが明確になったメディアはクラス・メディア（class media）として，高い効果性が望める。ラジオの聴取者も聴取域やシチュエーションでセグメント化され，特定的であるとされる（10代は男女とも自宅，その世代以降は男性が車の中，女性が自宅と車の中での聴取が多い（電通総研編『情報メディア白書2009』ダイヤモンド社））。

屋外広告 (out of home：OOH) もセグメント・メディアであり，地域特性に連動している。

　多様なメディア特性を踏まえ，広告表現は，製品のコンセプト・ポジショニングから，コピー・コンセプト，コピー・プラットホーム，フォーマット，トーン・マナーが絞り込まれ，プリ・テストのスクリーニングを経て，社会的風潮 (トレンド)，関連カテゴリーの動向を見極めながら決定される。

　メッセージの代替案のコミュニケーション力を判断する基準としては，理性的か情緒的かのフィルターのほか，関心性，差異性，信頼性があげられる (Kotler [1988])。ライバル各社の動向，話題性も重要である。全米牛乳加工業者プロモーション委員会 (The National Fluid Milk Processor Promotion Board) の，Got Milk? のキャンペーンでは，有名人が牛乳を飲んだ記しの白い口髭を付けた有名人が登場している (Kotler [2000])。ヴィジュアルでの識別性，差異性の表現が有効になる。

　広告スタイル別では，スライス・オブ・ライフ (slice of life：生活シーンの切り取り)，ライフスタイル，ファンタジー，ムードとイメージ，パーソナリティ・シンボル (マルボロなど)，技術的専門性，科学的根拠，レコメンデーション (推奨) などがあげられる (Kotler [1988])。DELL のような製品特性と価格を同時に訴求する広告も展開されている。両者は密接に関連していると解されるため，価格感受性 (price sensitivity) と製品特性における妥協の方向性を検討する必要がある (Kotler [2000])。

　スローガン，キャッチコピー (上記の DELL の「BE DIRECT」，カンロ飴の「一粒のメッセージ」など) なども訴求力の向上に助力する。米国でリコール問題に直面した (2010 年) トヨタは，自動車会社らしい明快なコピー，「MOVING FORWARD.」を広告のなかで表示しているが，ブランド・イメージは危機管理，プレス対応等の影響も強く受ける。

　広告 (活動の) 成果は，認知テスト，想起テスト，意見法などで測られ，次回の広告 (活動) にいかされる。[3] しかし，広告にだけ依存して，消費者の購買決定が行われるわけではなく，事例は多くないが (スポーツ中継を中断するテ

レビ広告，物議を醸す表現など），ネガティブな帰結（イメージダウン，購買の手控えなど）を招くこともある。

　さらに，企業のすべての部門や機能がコミュニケーションを行っていることを前提に，ブランド・メッセージの発信をし，すべてのステークホルダーに影響を与えていることに注目しなければならない。統合的マーケティング（integrated marketing）の展開であり，そうした観点からは，コミュニケーションの戦略的一貫性（strategic consistency），意味のある双方向性（purposeful interactivity）が検討されなければならない（Duncan and Moriarty [1997]）。

　IMC（Integrated Marketing Communication）は，統合型マーケティング・コミュニケーションであり，マス広告，SP，PR，イベントなどを戦略的に取りまとめ，効率的に運用するという統合的視点からのコミュニケーション・スタイルである（Shultz et al. [1993]）。計画のフローの視点からは，顧客のニーズとブランド価値の伝達からポジショニングが設定され，オーディエンスとメッセージの計画，キャンペーン戦略の実施，検討と改定の一連の流れを統合するものである（Brannan [1995]）。

　米国では，広告はマス広告を意味し，そこでの成果が評価につながる（Shultz et al. [1993]）という側面だけをみれば，わが国のコミュニケーション・システムに与える影響は少ないと捉えられる側面もあろう。しかし，価値観や行動パターンの異なる消費者にメッセージを伝達するために，あるいは短期間での成果を求めて，訴求内容や方法において統一感が欠けていることは否めない。最近では，家庭用液体洗濯洗剤において，製品コンセプト（すすぎ回数の低減）と店頭でのアピールポイントが異なっていた事例（2009年）がよく知られている。

　こうした事態を防備し，洗練された効果的コミュニケーション・スタイルを確立するために，いくつか提示されている検討材料のなかで，注目すべき新たな視点であるコンタクト（contact）とコミットメント（commitment）の管理をあげておこう。

　コンタクトは，製品・サービスまたはその市場に関する情報を含む経験であり，コンタクトリストを作成し，コンタクト経路を把握し，経験情報を測定す

る必要がある (Shultz et al. [1993])。コミットメントは，製品・サービスに関心をもったことを外部に示すことであり，測定をともなう必要がある (Shultz et al. [1993])。

かくしてマーコム活動は，消費者に統合的にアプローチすることが求められるが，多くのフェーズを含んでおり，次のように表すことができる。

図表 10-2　マーコム活動への統合的アプローチ

コミュニケーション活動		
マーケティング活動		コミュニケーション・ミックス
目　　的		メディア
計 画 化	統合	ポジショニング
予　　算		ブランド化
統　　制		関係性
リサーチ		

出所：Kitchen [1999] p.255.

複数のステップを統合し，ターゲット消費者の反応に基づく効果的な双方向コミュニケーション・システムを，製品カテゴリーや競合状況に呼応して，店頭主体になりがちなプロモーション・プログラムと連携して，確立していく必要がある。

4．ターゲット広告

セグメンテーション戦略のもと，ターゲットの特性，個性に対応した広告は，投下努力に対する効果が高まることが想定できる。加えて，コンヴァージョン率 (conversion：クリック回数に占める目的達成度合；Google は無料でログ解析サービス「Google Analytics」を提供）から広告効果が数値化できると，一層，注目度は向上する（成果報酬型広告料金体系が生まれている）。

検索連動型広告は，検索エンジンにキーワードを入力して検索すると，検索結果に連動して関連広告が自動的に表示されるものである。Google Adwards,

オーバーチュア（Yahoo! JAPAN）がその代表であり，クライアントはSEO（search engine optimization）対策を図る（リンク数の確保・増大等）（電通［2009］）。

行動ターゲティング広告は，ユーザーの特性（行動履歴）に対応（検索頻度別にジャンルを自動的にインデックス化）した広告表示という点で，検索連動型広告より一歩前を行くものである。Yahoo! JAPAN，mixi，楽天等が導入している（電通［2009］）。

ブロガー（web log 管理者）の個人発信の情報（推奨情報，評価情報）をへて購買が成立すると，アフィリエイト運営広告会社から成功報酬がブロガーに支払われる。アフィリエイト広告は1990年代後半からのアマゾンの活用が知られているが，配信されるサイトは個人のサイトが中心（電通［2009］）で，ブロガーは広告媒体の一部となっている。ブログの内容にクリックが依存するため，ターゲット広告の一領域を形成するとみなすことができる。

5．デジタル・サイネージ

デジタル・サイネージ（digital signage）は，「屋外・店頭・公共空間・交通機関など，あらゆる場所でネットワークに接続したディスプレイなどの電子的な表示機器を使い，情報発信するシステム」（デジタルサイネージコンソーシアム；中村・石戸［2009］：［2010］）である。

電子ポスター，デジタルポップなどの名称もあるが，デジタライゼーション（dijitarization：デジタル化）が進むなか，次世代メディアとしての注目度，先端性，成長性などを加味してデジタル・サイネージという言葉として定着しつつある。

コンビニエンスストアの店頭やファサードが代表的であるが，商業施設，駅構内（鉄道車両），交差点だけでなく，非営利組織の学校や病院にまで，デジタル・サイネージが登場している。自動販売機の高機能化（販売機の前に立つ消費者を年齢・性別に識別して製品を推奨し，関連情報を提示するなど）にも寄与している。

上記の特性を踏まえると，展開する場所や時間を特定してコンテンツを提供できることが大きなメリットになる。デジタル・サイネージの利用拡大に伴い，コスト面の課題も解消することが想定できるが，市場で情報量が多くなり，消費の意思決定の円滑化に貢献できることが注目される。

　反面，特に小売レベルでは，製造業者の発信するメッセージと店舗の販促コンセプトが合致しない場合の主導権，店頭の動きを反映させるシステムなどの課題が浮かび上がる。

　AR（augmented reality：拡張現実）は，スマートフォンで特定のエリアを認識した場合，吹き出しで多様な情報が提供されるシステムである。存在情報から，短いフレーズで差異ある個性（特性）情報を提示するように進化するが，タッチ・メディアの操作者の個性を組み合わせることが課題になる。

・・・・・・・・・・・・・・・・・・・・・・・・・・・・・・・

注
1）パブリック・リレーションズや人的販売（personal selling）（売り手と潜在顧客の間の直接的な対面関係）はプロモーションの一部であり，広告ではない。当初は，マス・セリングとの関係で論じられていたが，今日では，必ずしも，「マス」は意識されない。
2）雑誌にも多様なタイプがあり，地域性・年齢性・趣味性が強いもの（『YOKOHAMA Walker』など），それらを意識しないもの（一般雑誌，全国版）もある。
3）広告効果の階層モデルは，以下のようにまとめられる。

広告効果の階層モデル

パフォーマンス特性	求められる反応	C-A-C
動　機	行　動	do
説　得	確　信	feel
感情移入	共　感	feel
コミュニケーション	理　解	think
関　与	関　心	think
影　響	注　意	think

出所：Kitchen [1999] p.270.
C-A-C (cognitive-affective-conative) は，think-feel-do に置き換えられる。

参考文献

Bennett, Peter D. [1988] *Dictionary of Marketing Terms*, American Marketing Association.
Boyett, Joseph H. and Jimmie T. Boyett [2004] *The Guru Guide to Marketing*, John Wiley and Sons. (中川治子訳 [2004]『カリスマに学ぶマーケティング』日本経済新聞社)
Brannan, Tom [1995] *A Practical Guide to Integrated Marketing Communication*, Kogan Page.
Colley, R. H. [1962] "Squeezing the waste out of advertising," *Harvard Business Review*, September-October, pp.76-88.
Duncan Tom and Sandra Moriarty [1997] *Driving Brand Value*, McGraw-Hill.
Kitchen, Philip J. [1999] *Marketing Communications*, Thomson Business Press.
Kotler, Philip [1988] *Marketing Management*, Prentice-Hall.
――[2000] *Marketing Management*, Prentice-Hall.
――[2003] *Marketing Insights from A to Z*, John Wiley and Sons.
Lavidge, R. J. and G. A. Steiner [1961] "A model for predictive measurements of advertising effectiveness," *Journal of Marketing*, October, pp.59-62.
McCarthy, E. Jerome [1960] *Basic Marketing*, Richard D. Irwin.
Shapiro, Irving J. [1981] *Dictionary of Marketing Terms*, Littlefield, Adams and Co.
Shultz, Don E. et al. [1993] *Integrated Marketing Communications*, NTC. (有賀勝訳『広告革命―米国に吹き荒れるIMC旋風』電通)
電通 [2009] 『広告新時代』電通
中村伊知哉・石戸奈々子 [2009] 『デジタルサイネージ革命』朝日新聞出版
――[2010] 『デジタルサイネージ戦略』アスキー・メディアワークス

第11章 デ・マーケティング・コミュニケーション

1. マーケティング・タスク

　市場とは売り手と買い手による交換の場であるが、交換のための諸条件、離間が市場において交錯している。そうした環境下で、マーケティングは、対応困難で事業展開上、大きな障害となる「離間」(separation, distance) の克服（架橋）を通じた交換の促進、支援という使命、タスク (task＝課業) を担ってきた。

　事業者、企業と消費者は対峙し、利益の追求の観点から対局の位置にあり、相いれない存在、対峙関係にあると考えられてきた。[1]

　上記の多様かつ複合化した離間（空間的、時間的に離間があり少量しか消費しないが、選択時に幅広い品揃えを希求するなど）の克服（架橋）は、科学技術の進歩を借りた輸送・貯蔵の手法・技術の高度化によって成し遂げられ、消費者行動やニーズ・ウォンツの分析によって洗練化されている。

　他方、離間克服（架橋）への取り組みは、マーケティングを通じた効用 (utili-

図表 11-1　離間のタイプ

離間の類型	離間の内容
空間的離間	生産者と消費者が地理的に分離
時間的離間	生産と消費者の非同期
情報の離間	消費者のニーズの把握が困難
価値の離間	生産者と消費者の価値基準の相違
所有の離間	所有権の移転
数量の離間	大量生産と少量消費
品揃えの離間	品揃えの専門化と広範化

出所：McCarthy and Perreault [1990] p.18.

ty）あるいは価値の創出（入手困難なものや小口でが入手できるなど）と同義であり，さらにはイメージの創出，ライフ・スタイルの提案にもなる。イメージの創出とは，情緒的，感覚的，心理的な価値を製品に付与することである（Stanton and Furtrell［1988］）。付与されたイメージは，本質的（基本的）機能に彩りを添える現代的消費社会における価値であり，ブランド戦略の展開に密接に結びついている。ライフ・スタイルの提案は，新たな価値基準によってこれまでに消費の対象とならなかったものが，売り手側の意図（意思）に依拠して購買の選択肢に上がるようになることを表す。

経験価値（Pine II and Gilmore［1999］；Schmitt［1999］，［2003］）の追求や快楽消費（Holbrook and Hirshman［1982］）・審美性（Schmitt and Simonson［1998］）の追求とも連接して，イメージ戦略は，成熟した消費社会では差異化や優位性訴求に不可欠な領域となっている。

さらに，購買経験を購入，配送，利用，併用，保守，廃棄のステージに分け，効用を生みだす6つの梃（levers：生産性，簡便性，利便性，リスク，楽しさやイメージ，環境への配慮）について購買者の効用マップを作成して，これまで提供されていない効用を導き出すことも提案されている（Kim and Mauborgne［2005］）。

また，市場を巡る需要管理の側面から，マーケティングには，以下のような8つのタスクが想定される。

図表11-2　マーケティング・タスク

需要の状態	マーケティングのタスク	マーケティングの名称
負の需要	需要方向の逆転	転換マーケティング
ゼロ需要	需要の創造	刺激マーケティング
潜在需要	需要の開発	開発マーケティング
低迷需要	需要の再活性化	再マーケティング
不規則需要	需要の規則化	同期化マーケティング
差異的需要	需要の維持	維持マーケティング
過剰需要	需要の減少	デ・マーケティング
不健全需要	需要の破壊	カウンター・マーケティング

出所：Kotler［1980］p.23.

需要を見出し，需要に対応した製品を供給する，需要を作り出し，新たな製品を供給するというコンセプトやプロセスをマーケティングは基本スタイルとしてきた。需要を見出すためにはマーケティング・リサーチが重要であり，需要を生起するためには広告や販売促進の仕掛けが必要になる。

　しかし，需要の意図的な創出にはこれまでにも，広告戦略やセールス・プロモーションの展開面を中心に，再考を促す提示がなされている。また過度，華美な消費は，地位表示の証し・記号（ヴェブレンの誇示的消費など）でもあるが，同様の再検討を促す論議が繰り返されている。

2．デ・マーケティング（De Marketing）のコンセプト ◇❋❋❋❋

　需給管理・対応型のマーケティングには，過去との対比で幾分かでも組織（マクロの観点からは当該市場）の成長・拡大することを前提としてきた。

　デ・マーケティング（de marketing）のコンセプトは，販売の促進，市場の創造という側面からは正反対に位置する。需要の抑制は需要の適正管理の1パターンでもあるが，表層的に既存のマーケティング・スタイルを否定するものである。しかし，そのコンセプトの多様な市場への適応も論議されている（Lawther et al. [1997]）。

　わが国では，電力会社の使用抑制を訴求するメッセージが繰り返し流されているが，夏季の需要拡大期における使用抑制は，設備の拡大化を抑え，ひいては電力料金の抑制につながることを示唆している。一方で，太陽光発電，風力発電などへの取り組みが加味されてエコ・デザイン（eco design），DfE（Design for Environment）などの要請に対応しているイメージも，メッセージの妥当性を高めている。

　また，安全性の点から，橋の通行量を抑制したいと考える橋の管理者を支援するのも，こうした視角からのマーケティングの展開につながる。デ・マーケティング戦略のポジショニングは一様ではないが（Cullwick [1975]），代表的なパターンは次の4つに分けられる。

1）全般的（general）デ・マーケティング
2）選択的（selective）デ・マーケティング
3）表面的（ostensible）デ・マーケティング
4）非意図的（unintentional）デ・マーケティング（Kotler and Levy［1971］）

1）～2）については，長期的な需要管理目標に基づきながら需要を削減するためのアプローチを分類したものである。1）全般的デ・マーケティングでは，製品の供給システムにおいて長期，短期に製品不足に陥る場合と製品の市場からの退出が論議される。2）選択的デ・マーケティングでは，回避したいセグメント，望ましくない顧客から身をかわす方法が論議される。

3）表面的デ・マーケティングは，見せかけの削減行為で需要を掻き立てるものであり，デ・マーケティングの方向性とは異なる。4）非意図的デ・マーケティングは，需要の増加のプロモーションの結果が需要の減少につながるもので論外であり，マーケティング活動の失敗である。

たとえば行列現象は，デ・マーケティングの利用回避コンセプトを誘発させるが，反面，高い評価の表示にもなる場合がある。テーマ・パークにおける長い行列への参加は，行列への参加自体がアトラクション利用の一部であるとの解釈もある。飲食店の長い行列は，並んでも利用したいことを需要する人の集結を示唆している。スーパーマーケットの夕方の混雑は，「安い⇔売れる⇔新鮮」の図式を想起させるが，コンビニエンス・ストアにおける出勤時や昼食時の行列は，店舗利用（の時間）を楽しんでいるわけではなく，時間短縮・手軽さ（便宜性）に最大のベネフィットがあり，購買は煩わしくないほどよい。

3．ラテラル・シンキング

ラテラル（lateral）とは側面の，横のという意味であり，ラテラル・シンキングは，既存の枠組みや既成概念，通常の思考パターンを離れて，自由な視点から物事を考察することである。懸命に工夫を重ねて努力・改善するよりも，賢明な別の方法を探す，イノベーション（大胆で新しいこと）を目指すことがラ

テラル・シンキングであり，既存条件，前提を疑い，見方を変え，奇抜なアイデアの組み合わせも必要になる (Sloane [2007])。

マーケティングにおけるラテラル・シンキングは水平思考を促して，新製品開発のアイデア，感性的な味付けの付与を行うことを示唆している (Kotler and Trias de Bes [2003])。

既存製品の問題点を集約した後，その解決策を自由に展開していく。この段階では市場化や市場での勝ち残りは考慮されない。展開の軸としては，抽出された問題の除去，解消や緩和を中心に，問題を構成する要素の切り離し，結合，並べ替え（重要度の変更），中心機能の分解や結合などが想定される。

ベビースターラーメン（㈱おやつカンパニー）の「丸」は，袋入りのこぼれやすいこれまでの状態を解消し，食べやすく見た目もかわいらしく変身している。カップ状になり，店頭でのディスプレイも容易になった。

シャンプーとリンスの一体化，リンス・イン・シャンプーは，1990年代初頭を中心とした，時間のない朝シャン族向けであったが，洗髪して髪がマイナスイオンを帯びたままで，摩擦していたみやすい状態を回避する機能をもっている。髪がぱさつくために毎日洗髪しないほうがいいというよりは，毎日洗ってもかえって髪の手入れになるという流れ・イメージを作り出していくほうがシャンプーの業界によい。

フィルムの装填ミスを防ぐAPS (Advanced Photo System) は，カメラ業界とフィルム業界が団結して取り組んだ新製品であった。フィルム幅が6mm狭くなってクレジットカードと同じ大きさになり，コンパクト化され，カートリッジに密閉され，扱いも容易になった。その後，フィルムに磁気コーティングされ，画像のデジタル化にもつながっていた。

家電製品は問題点に着目し，早くからこうしたアプローチを導入している。羽なし扇風機は発想の逆転，ラジオとカセットレコーダー，オーブンとトースターの一体化は機能の複合化であり，洗濯機は洗濯に脱水，乾燥までを含むようになっている。家電製品は壊れなければ買い換えられないという観点を凌駕するためには，新たな便利機能の追加が不可避な命題となっている（一方で，

多機能全盛時代では，高齢者向け携帯電話のように機能のそぎ落としも訴求力をもつようになる）。

ラテラルな発想を展開するためには，会議に参加したメンバーに，フェーズを統一して，発言，提案を促すのも一法である。問題，テーマに関して，ポジティブな討議を終えると，次はネガティブな討議に統一する。続いて，感覚的，引き続いて論理的，前例的，諸外国，他組織の取組みなど，フェーズを切り替えていく。最終的に，地位を利用した取りまとめに固執すると，意見を具申しただけで消化不良になってしまう。慎重な人も大胆な提案ができる，ブレイン・ストーミングほど議論が散漫にならないなど，局面打開に適した方法である。

ラテラル・シンキングの対峙コンセプトは，ヴァーティカル・シンキング（vertical thinking：垂直思考）である。プロセスをたどりながら問題を把握・分析するためこの名があるが，科学的，分析的姿勢を崩さず，理性や論理を重んじる。蓋然性を高めて説得力ある計画策定となるが，POS情報のような過去情報に依存していることもあり，画期的なアイデアは生まれにくいとの印象を与える。[2]

ヴァーティカル（vertical）・マーケティングは，既存製品のニーズ，顧客，状況／用途を出発点として，「どのような企業として存在していたいか」という視角に基づいたイノベーションを行うことに焦点を当てている（Kotler and Trias de Bes [2003]）。

リスクの軽減を図れ，合議的な意思決定が進められる点から，ラテラル・アプローチは完全に捨象される取り組みにはならない。いずれにせよ，マーコムにおける，拡大・成長志向だけではない視点の含有にも目を向けた，複眼的，複合的な姿勢が求められる。

方策としては，製品と付加的なサービスを一体化させたハイブリッド（hybrid）・ソリューションによる対応が想定されるが，補完性，独立性の観点から次の4つのバンドリング（bundling：束，組合せ）に分類される（Shankar et al. [2009]）。

1）柔軟な（flexible）バンドリング（←独立性，補完性がともに高い；顧客の

抱える問題が複合的な場合，製品とサービスの柔軟な組合せ）

2）安心な（peace-of-mind）バンドリング（←独立性は高いが，補完性が低い；最高のグレードの製品の場合で，ブランド力を生かして差異化）

3）マルチベネフィット（multibenefit）のバンドリング（←製品とサービスが不可分，別個の製品，サービスを追加）

4）ワンストップ（one-stop）のバンドリング（←最低限の独立性，補完性しかない；購入しやすさの追求）（Shankar et al. [2009]）

こうした取組みの基盤は，収益の上がる製品，サービスの差異化の探索，ブランド投資先の絞り込みである（Shankar et al. [2009]）。錯綜した製品構成となっている企業では，つねに製品間の優劣がカウントされている。しかし，競合企業の行動を見据えた戦略的布石，イメージ効果などから，劣位のものが直ちに市場から退出するとは限らない。

注

1）企業と消費者は，一面的に対立関係として捉えるだけでなく，相互に連携しあう場面も想定されている。関係性マーケティングでは，見込み客，消費者，顧客は進化して，得意客，支持者（supporter），擁護者（advocate）となり，企業，事業体のパートナーとみなされる側面もある（Payne et al. [1992]）。

2）MBAによるデータ重視の分析的アプローチによる硬直化が，ソニーの競争力低下の原因との指摘もある（Christensen, Crayton「革新者に潜む陥穽」『日経ビジネス』2005年7月4日，pp.34-41.）。

参考文献

Cullwick, D. [1975] "Positioning Demarketing Strategy," *Journal of Marketing*, April, pp.51-57.

Holbrook, Morris B. and Elizabeth Hirshman [1982] "The Experiential Aspects of Consumption: Consumer Fantasies, Feelings, and Fun," *Journal of Consumer Research*, 2, pp.132-140.

Kim, W. Chan and Renee Mauborgne [2005] *Blue Ocean Strategy*, Harvard Business School Press.

Kotler, Philip [1980] *Marketing Management*, Prentice-Hall.

——and Sidney Levy [1971] "Demarketing, Yes, Demarketing," *Harvard Busi-*

ness Review, November-December, pp.70-90.
――and Fernando Trias de Bes [2003] *Lateral Marketing*, John Wiley & Sons.（大川修二訳［2004］『コトラーのマーケティング思考法』東洋経済新報社）
Lawther, S. et al. [1997] "Demarketing Putting Kotler and Levy's Idea into Practice," *Journal of Marketing Management*, 13, pp.315-325.
McCarthy, E. Jerome and William D. Perreault [1990] *Basic Marketing*, Irwin.
Payne, Adrian et al. [1992] *Relationship Marketing*, Butterworth.
PineⅡ, Joseph B. and James H. Gilmore [1999] *The Experience Economy*, Harvard Business School Press.
Schmitt, Bernd H. [1999] *Experiential Marketing*, Free Press.
――[2003] *Customer Experience Marketing*, John Wiley & Sons.
―― and Alexander Simonson [1998] *Marketing Aesthetics*, Free Press.
Sloane, Paul [2003] *The Leader's Guide to Lateral Thinking Skills*.（ディスカヴァー・クリエイティブ訳［2007］『イノベーション・シンキング』ディスカヴァー・トゥエンティワン）
Shankar, Venkatesh, et al. [2009] "A Practical Guide to Combining Products and Services," *Harvard Business Review*, November, pp.94-99.
Stanton, William J. and C. Furtrell [1988] *Fundamentals of Marketing*, McGraw-Hill.

第12章 デフェンシブ・コミュニケーション

1．デフェンシブ・アクション

　社会学におけるデフェンシブ・アクション（defensive action：防衛行為）は，マージナル・マン（marginal man：周辺人；シカゴ学派のパーク（R. Park）の提唱）の周囲からの目に対するリアクションに見出されよう。自意識が発達し，ハイブリッドな文化の創造が期待される。

　市場におけるデフェンシブ・アクションは，顧客の維持，市場シェアの維持，販売額の維持などである（Fornell [1992]; Fornell and Wernerfet [1987]; Hauser and Shugan [1983]）。さらに，既存イメージ，市場の地位，収益性の維持もその範疇に含まれ，現状維持マーケティング（status quo marketing）とも目される（Dacko [2009]）。

　こうした防衛的維持行為は，市場シェアが最多の市場リーダーの行為でもある（Kotler [1980]）。防衛は，攻撃戦略のような，うまくまとまった分類がないが，要塞防衛（fortification），先制防衛（preemptive defense），反抗攻撃（counter-attack）がパターンとしてあげられる（Czepiel [1992]）。

　さらに網羅的には，防衛のパターンには，地位（陣地）防衛（position defense），側面防衛（lateral defense），先制防衛（preemptive defense），反攻防衛（counteroffensive defense），移動防衛（mobile defense），縮小防衛（contraction defense）があげられる（Kotler [1980]）。

　地位防衛は，製品とイメージの合致（高い想起率）を防御するものである。側面防衛は自陣地の弱点となっている部分の守りを固め，先制防衛は攻撃を受ける前に攻撃を仕掛けることであり，攻撃を思いとどまらせることに重点が置

かれる。反攻防衛は反撃である。移動防衛は，ドメイン（domain：生存領域，事業活動領域）の拡大を図り，潜在市場に経営資源やマーケティング努力を注力するものである。縮小防衛は戦略的撤退であり，戦略全体の目標が明示されていないと，士気に影響を及ぼすことになる。

防衛戦略には，市場リーダーだけが取り組むということ以外に，自らを攻撃するだけの勇気をもち，強力な競争相手の動きは封殺する，反撃の準備を怠らないなどの原則がある（Ries and Trout [1986]）。

市場におけるデフェンシブ・アクションの対極はオフェンシブ・アクション（offensive action：攻撃行為）であるが，収益性を求め，統合的，戦略的，効率的であることが求められる（Davidson [1987]）。オフェンシブ・アクションは，新規顧客の獲得，新規市場の獲得，市場シェアの獲得などである（Fornell [1992]）。こうした攻撃行為は市場チャレンジャーの行為でもある（Kotler [1980]）。

攻撃のパターンとしては，正攻法の正面攻撃（frontal attack），敵の弱点を突く側面攻撃（flanking attack），大規模な電撃戦になる包囲攻撃（encirclement attack），獲得容易なところを攻撃して勢力を広げていく迂回攻撃（bypass attack），小規模で断続的な，神出鬼没を旨とするゲリラ攻撃（guerrilla attack）がある（Kotler [1980]）。

2．デフェンシブ・コミュニケーションの背景

デフェンシブ・コミュニケーションが展開される背景には，市場競争の激化が第一にあげられる。

激しい市場競争の結果，コモディティ化が進み，製品のライフ・サイクルも短くなる。コモディティ化に陥った製品に価格競争力はない。コモディティ（commodity）は，基本的機能，品質において差異がないことをあらわし，鉄や小麦など，一般製品として扱われているものが本来は該当する。ガソリンはどのガソリンであっても（レギュラーとハイオク（プレミアム）の価格差はあるが）多

くのドライバーは差異を感じていない。塩や水もかつてはコモディティの代表であったが，現在では，産地や製法などのこだわりがあり，価格差も大きい。コモディティからブランド製品への脱却である。しかし，ブランドが確立されていても，競合者の追随，利用技術の平準化，ノイズの発信などに伴い，知覚差異の乏しい製品が増大している。

　ライフ・サイクルが短くなると，製品開発や販売管理費など投下資金の回収が困難になる。画期的なイノベーションを反映した新製品の投入といえども，短期間で類似製品が登場することによって，その魅力を低減させている。

　ブランド・マネジメントの視点からは，ブランド要素の選択基準として，記憶可能性，意味性，移転可能性，適合可能性と並んで，法律上，競争上の防御可能性があげられる (Keller [1980])。法律面では特許法，商標法，著作権法など，競争面では独自性，模倣容易性の程度などが検討要因となる。

　既存製品の防御（市場における地位やイメージの維持，あるいは補強製品の追加投入など）を図りながら，新たな市場機会を探索することも，競争が激化した今日では不可避の選択肢となっている。

　他方，規制緩和でこれまでの競争舞台の環境が激変するケースもある（たとえば，洋酒の税制変更；サントリー・オールドやジョニーウォーカーは贈答製品としての性格が希薄化）。現状レベルで防御可能，対策が予測可能なときは，防御をおろそかにしてはならず，製品活性化のための新たなポジショニング (Trout and Rivkin [1996])，さらにはリポジショニング (Trout and Rivkin [2010]) が求められる。[1]

　ポジショニングは消費者のマインドに形成されるライバル製品（企業）に対する相対的な位置づけであり，ライバル製品（企業）に対する識別できる差異が強調されることになる (Ries and Trout [1993]; Trout and Rivkin [2000] [2008])。

　防御の失敗で敗北につながった歴史上の事例，たとえば1815年のワーテルロー (Warterloo) の戦いもある。クラウゼヴィッツ (Clausewitz) がいうように防御は最大の攻撃にもたとえられる (Ries and Trout [1986])。

　ファスト・サイクル (fast-cycle) 化のマネジメントは競争優位を獲得する戦

略的パラダイムであり，組織の行動パターンを時間的に管理するものである（Bower and Hout [1988]）。意思決定に時間を要すれば，市場競争における戦略的価値は低下する（Eisenhardt [1990]）。すばやい，デフェンシブ・コミュニケーション・システムが検討，用意されていなければならない。

かくして，防御のための，消費者を基軸としながらも多様なステークホルダーズへのコミュニケーションの重要性がレリーフされるのである。

3．SWOT 分析

SWOT 分析は，組織内部の経営資源の強み（strength），弱み（weakness），組織の外部環境の機会（opportunity），脅威（threat）の頭文字をとったマトリクスを描く分析手法である。組織の内部環境は資源の内容，レベルであり，一定の管理下にあるが（管理価格や業界の自主規制などを除く），組織の外部環境は競争や経済状態，技術革新など管理不能な要因を表す。[2]

強み・弱みと機会・脅威を掛け合わせて，行動様式を抽出できる。SO が見いだせない場合（こうした幸運なケースは稀であろう），ST，WO において活路を探りだすことになる。ST においては，脅威を軽減，中和するか，競争回避が選択肢として浮かぶが，脅威の機会への転換は，他者のパワー（たとえば，

図表 12-1　SWOT 分析のパターン

	プラスの影響	マイナスの影響
組織の内部環境	強み S	弱み W
組織の外部環境	機会 O	脅威 T

出所：筆者作成

図表 12-2　SWOT 対応

	機会 O	脅威 T
強み S	SO 取り組む事業	ST 回避か機会に転換
弱み W	WO 対応措置	WT 最悪事態の回避

出所：筆者作成

規制緩和）によって実現する可能性もある。WOにおいては，M＆A（Merger and Acquisition＝吸収合併）によって，一気に，機会に対応できるような場合もある。弱みを強みに変えるような体力増強，筋肉質化が模索されることになる。

WTは積極的回避である。当面は，経営資源を浪費させないことが肝要である。しかし，小売業の出店戦略において，ライバル企業の出店を抑え込むために，敢えて，布石（捨て石）として出店している場合もある。個店レベルでは赤字でも，全体の経営戦略上は重要な意味をもつことがある。

また，品揃え上，アソートとして，人気がないカラーやデザインを配しておくこともある。料理のメニューにも，価格に松竹梅を設けることで，選択は容易になる。

そうした場合では，売上の貢献度の低さだけで存在感は図れない。デフェンシブな発想は，かくして，必ずしも競争回避の後ろ向きの政策ではなく，優良顧客を死守しつつ，シェア浸食のペースを遅延させながら，収益の確保を図る事業選択的な競走志向の政策である。

デフェンシブ・マーケティングは，顧客の維持（離脱の遅延化）と競合者も含めた強みへの対策から4パターンが想定できる。

図表12-3　デフェンシブ・マーケティングの4パターン

	自社の強みを強化	競合者の強みの脆弱化
顧客維持	ポジティブ戦略	パリティ戦略
顧客離脱の遅延化	イナーシャル戦略	リターディング戦略

出所：Roberts［2005］p.154

ポジティブ（positive）戦略は，製品や自社のメリット訴求で顧客維持を図るものである。イナーシャル（inertial）戦略は，顧客の離脱を送らせながらも惰性に流され，パリティ（parity）戦略は，新規参入者と同等のベネフィットを提供し，競合相手のメリットを無効にし，あるいは軽減するものである。リターディング（retarding）戦略は，製品の向上・改善を行いながら乗り換えの遅延化をはかるものである（Roberts［2005］）。

また，収益の上がる優良顧客を顧客基盤の脆弱性の強弱から識別し，顧客維持策を錬成しなければならない（Roberts [2005]）。収益の上がらない顧客に対応策，努力を展開しない点では，競争的，効率重視の取り組みである。

4．ブルー・オーシャン戦略 ◇◆◆◆◆◆◆◆◆◆◆◆◆◆◆◆◆◆◆◆◆◆◆◆◆

　競争回避で，市場で競合者のいない環境下でマーケティング活動を展開することを企図する新たな視点の戦略は，ブルー・オーシャン（blue ocean）戦略とよばれる（Kim and Mauborgne [2004] [2005a] [2005b]）。

　多くの企業が限られた市場で（パイを巡って），過激な販売促進や価格競争など苛烈な競争を繰り広げられている状況がレッド・オーシャン（red ocean）である。レッド・オーシャンにとどまって消耗戦を繰り広げるか，無風の市場を見出して，そこに経営資源，マーケティング努力を傾注するかの選択が迫られる。

　かつてフォードは，廉価な T-type を富裕層以外の市民を対象に開発し活況を呈した。色は黒で，簡素な車は，やがて装飾にバリエーションをもつ GM（General Motors）に敗れ去るが，ブルー・オーシャンは永続的ではない。ヴァリュー・イノベーション（消費者に対する新規で独自な価値の提供）が競合者の（オファーの）出現で一般化し，レッド・オーシャンの様相を呈するからである。

　ニーズをくみ上げて新規な市場を見出したとしても，市場規模が小さい，市場の将来的発展性（あるいは維持性）が乏しいこともある。地理的・年齢的広がりがあり，アクセスが難しいかもしれない。そうした理由で，市場への参入者がいない可能性もある。市場の調査は当該企業が最初とは限らない。

　しかし，現在は顧客ではない非顧客も，代替品を用意し不満・障害の除去を図れば，顧客化が進み，市場が形成される可能性が出てくる。機能志向を感性志向に，感性志向を機能志向に切り替えることでも市場をくくれる可能性もある（Kim and Mauborgne [2004] [2005a] [2005b]）。

これまでとは異なる顧客層の開拓は市場拡大にはなっても，かならずしも，ブルー・オーシャンとはならず，既存市場の延長という場合もある（たとえば，日本中央競馬会の，広告やオークスでの女性へのプレゼントなどのプロモーションによる女性ファンの開拓）。

　企業によってカバーされていない市場は，顧客経験，効用の各要素から導かれ，価格・コストのフィルターをとおして，ハードルが乗り越えられ，対応が実現化する（Kim and Mauborgne［2004］［2005a］［2005b］）。

　ニッチ市場は，大手企業が参入しない，隙間市場であるが，限定された市場でミニ・リーダーをめぐって競われる。経営資源の質は高いが量的な制限があり，市場規模が小さい場合は，ブルー・オーシャンではない。ミニ・リーダーとの対決といえども，戦いは，レッド・オーシャンと化す。

・+・+・+・+・+・+・+・+・+・+・+・+・+・+・+・+・+・+

注
1）『リポジショニング』（Repositioning）のサブタイトルは，「競争，変化，危機の時代のマーケティング」（marketing in an era of competition, change, and crisis）である。
2）SWOT分析は，状況分析としても表わされている。資源・技術と競合者分析から強みと弱み，競合者分析と環境分析から機会と脅威が導かれる（Walker［1986］）。

参考文献
Bower, Joseph L. and Thomas M. Hout [1988] "Fast-Cycle Capability for Competitive Power," *Harvard Business Review*, November-December, pp.110-118.
Czepiel, John A. [1992] *Competitive Marketing Strategy*, Prentice-Hall.
Dacko, Scott G. [2008] *The Advanced Dictionary of Marketing*, OXFORD.
Davidson, Hugh [1987] *Offensive Marketing*, Penguin Books.
Eisenhardt, Kathleen M. [1990] "Speed and Strategic Choice: How Managers Accelerate Decision Making," *California Management Review*, 3, pp.39-54.
Fornell, Claes [1992] "A National Customer Satisfaction Barometer: The Swedish Experiences," *Journal of Marketing*, January, pp.6-21.
——and B. Wernerfet [1987] "Defensive Marketing Strategy by Customer Complaint Management: A Theoretical Analysis," *Journal of Marketing Research*, 24,

pp.337-346.
Hauser, John R. and Steven M. Shugan [1983] "Defensive Marketing Strategies," *Marketing Science*, Fall, pp.327-351.
Keller, Kevin L. [1998] *Strategic Brand Management*, Prentice-Hall.
Kim, W. Chan and Renee Mauborgne [2004] "Blue Ocean Strategy," *Harvard Business Review*, October, pp.76-84.
―[2005a] *Blue Ocean Strategy*, Harvard Business Press.
―[2005b] "Blue Ocean Strategy: From Theory to Practice," *California Management Review*, Spring, pp.105-121.
Kotler, Philip [1980] *Marketing Management*, Prentice-Hall.
Roberts, John H. [2005] "Defensive Marketing: How a Strong Incumbent Can Protect Its Position," *Harvard Business Review*, November, pp.150-157.
Ries, Al and Jack Trout [1986] *Marketing Warfare*, Plune.
―[1986] Positioning: *The Battle for your Mind*, McGraw-Hill.
―[1993] *The Immutable Laws of Marketing*, Harpercollins.
Trout, Jack and Steve Rivkin [1996] *The New Positioning*, McGraw-Hill.
―[2000] [2008] *Differentiate or Die*, Wiley.
―[2010] *Repositioning*, McGraw-Hill.
Walker, Hugh [1986] *Marketing*, Pan Books.

第13章 「スター」のコミュニケーション

1．BCG の提示

　BCG (Boston Consulting Group：ボストン・コンサルティング・グループ) は，PPM (Product Portfolio Management：BCG マトリクス) の手法を 1970 年に開発した。

　縦軸に市場成長率をとり，横軸に相対的市場シェアをとり，4つのセルに分けるマトリックスを描いて導かれ（成長シェア・マトリックスともよばれる），それぞれに以下の特有のネーミングが付されている (Day [1977])。

- スター (Stars)：市場成長率（1年）10％以上，相対的市場シェア 10〜1％
- 問題児 (Problem Children)：市場成長率（1年）10％以上，相対的市場シェア〜1％
- 金のなる木 (Cash Cows)：市場成長率（1年）10％以下，相対的市場シェア 10〜1％
- 負け犬 (Dogs)：市場成長率（1年）10％以下，相対的市場シェア〜1％ (Alsem [2007])

　相対的市場シェアは，市場リーダーなどの上位3社平均値に対する当該製品の割合を指し，倍数で表わされる。しかし，市場成長率は5％に設定されることもある。

　市場成長率が高いのに市場シェアが低ければ問題児，市場成長率が低くても市場シェアが高ければ，資金の流出が少ないため金のなる木とよばれる。今日の稼ぎ手 (today's bread winners) である。

　負け犬は低迷・失敗製品であり，経営資源の投下は望むべくもない。デス・

サイクルに陥らないような期間ごとのチェックが必要になる。惰性で存在している可能性もある。

　PPM 分析の最大の魅力は，自社，他社の製品をマッピングすることによって，複雑で多角化した事業に関して，収益構造や現在の投資方針を導き出せることにある。PIMS (Profit Implication of Market Strategy: Buzzell and Gale [1987]) によっても，キャッシュ・フローの妥当性が支持されている (Hooley and Saunders [1993])。

　反面，市場シェアに依存しすぎて，市場シェアが低くても十分な利益を獲得できている製品を適正に評価できないことがデメリットになる。

　また，問題児が将来，すべてスターに成長するわけではなく，問題児に投資を行うことには異論も出てくる。あわせて，それらに対する投資規模を示唆するものでもない。

　こうしたことを鑑み，1970 年に SBU (Strategic Business Unit) の管理システムを導入した GE (General Electric) は，総合的な産業・市場の魅力度を縦軸にとり，横軸には総合的な市場での競争力をとり，それぞれを 3 つにわけ，9 つのビジネス・スクリーン (business screen) を抽出している (Evans and Berman [1992])。

　市場（産業）の魅力度は，市場規模と成長率，収益性，競争構造（寡占度，参入容易度など）などであり，市場での競争力（市場での地位）は，市場シェア，収益性，技術力，経営資源（人材，自己資本など）などである。

　スターの投資は市場の成長率を下回らない投資を意味し，市場をリードする

図表 13-1　ビジネス・スクリーン

		市場での競争力（市場での地位）		
		強	中	弱
市場（産業）魅力度	高	スター投資	投資成長	選択投資
	中	投資成長	選択投資	収　穫
	低	選択投資	収　穫	撤　退

出所：Evans and Berman [1992]（一部，付記）

行動に向けられる。投資成長のなかでも重点領域である。

　選択的投資は特化，育成など厳しい判断が求められるが，維持行為に基軸があり，収穫 (harvesting：刈り取り)，撤退 (withdrawal) の意思決定はスピードが必要になる。撤退の場合は，アフターサービスや代替製品が生産・販売上対応できない場合，企業イメージへの影響など，いくつかの問題を抱える。軽自動車の場合のように，OEM 調達で他社からの製品供給に自社のブランドを付与して販売しているケースがある (1996 年にマツダはスズキから OEM 供給を受け軽自動車から生産撤退)。

　しかし，BCG マトリクスと同様，たとえば，技術革新の程度を数値化することは難しく，将来の変化も盛り込みにくいことが難点として挙げられよう。ポートフォリオ理論は二つの課題を関連付けて，適切な戦略の選択に役立つが，一つの手法にだけ依存することは避けなければならない (Hooley and Saunders [1993])。

2．「スター」のコミュニケーション

　スターのキャッシュ・フローは，市場が成長しており，市場シェアも高いため流入も多いが，地位維持のためには，あるいは市場の成長が鈍化した時に金のなる木に位置できるように，追加や新規の投資が不可欠であり，流出も多い。当面の利益貢献度は高くないが，市場成長率が低下するにつれて，市場シェアが維持できていれば，金のなる木の地位に近づいていく。

　精力的，活発な市場への対応が不可欠である。問題児に投資し，スターに仕上げた後，金のなる木 (milking cow) にする流れが成功パターンであり，スターや金のなる木から問題児に向けた流れがあるとそれは失敗のパターンになる (Hooley and Saunders [1993])。

　現在のスターは注目されるが，PPM は次期のスターにあまり関心がはらわれていない。また，スターと他の製品とのシナジーに乏しい。

　スターのハロー効果 (hallo effect) に着目し，スターと今後の育成製品 (問題

児）とを関連付けたコミュニケーションも求められる。

　戦略的撤退とも関連するが，過去の花型製品（NECの98シリーズなど）の市場からの退出は時期を見誤ることが多い。

　製品のライフサイクルというものはなく，マーケティング努力が一定期間後に，抑制されることによって，衰退期を招くという考え方もある（Dhalla and Yuspeh[1976]）。ネットでの販売に代表されるように，（在庫コストがないために）ロングテールのような現象が期待されることがないとはいえない。

3．コア・コンピタンス

　コア・コンピタンス（core competence）は，ソニーの小型化技術のような成長，競争優位のための，独自の中核的競争能力である（Hamel and Praharad [1994]）。わが国の事例として，ホンダ，キヤノン，ソニー，コマツなどがあげられている。

　スターには，シャープの液晶技術のように，競合他社が容易に模倣できない，明確な強みの源泉であるコア・コンピタンスがある（当時はザウルスが該当している）。それを基軸に，製品ラインの拡大が図られる。テレビだけでなく，携帯電話機でも，ACQUOSのブランドが展開されている。単結晶太陽電池の展開などで市場に大きなインパクトを与えている。

　しかし，コア・コンピタンスは永続的ではない。気付かないうちに失われてしまうこともある。コア・コンピタンスに育ち維持できるような継続的，先行投資も求められる。これはデファクト・スタンダードの獲得とも関連する。コア・コンピタンスの確立に関しては，短期志向で業績評価につなげられるものではない。

　コア・コンピタンスは，リストラクチャリング，リエンジニアリング，ベンチマーキングなどを通じた生産性の向上，効率優先の風潮が，わが国のバブル景気崩壊後にマッチした経営手法の一面をもつが，最終的には，組織を形成する一人ひとりのスキル，ノウハウに帰結する強みの認識である。そのためには，

個人，組織の学習システムの確立が求められている（Nevis et al. [1997]）。

4．ドメインの設定

ドメイン（domain）は，企業の生存領域，事業活動領域を表す。

キャンディバーだけを単品で製造販売しているキャンディバーの会社はキャンディ全般を扱う会社となり，やがて取扱品目がスナックまで広がり，さらには食品全般を扱う会社となる。

事業の拡大は必ずしも企業の成長と直結しないが，養命酒のような単品だけで成長する会社は極めて少ない。リスク分散，ライフサイクル対応などから，事業範囲が広がる傾向にある（2010年決算期では，養命酒の売上構成比は約97％を占める）。

ドメインは，顧客層，顧客機能，技術の3次元から導ける（Abell [1980]）。

縦軸に顧客（にたいする）機能（ニーズ，ベネフィット），横軸の片方に顧客層と，もう一方に技術をおいて，事業の拡がりをとらえると，3項目のいずれかを変化させると6つの代替案が導ける。これら以外では，すべて変更，すべ

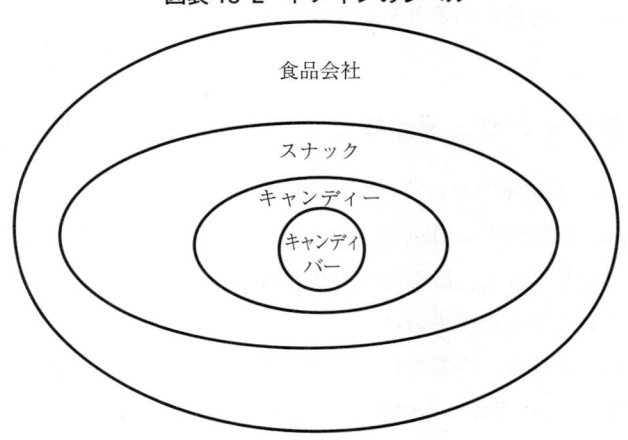

図表13-2　ドメインのレベル

食品会社
スナック
キャンディー
キャンディ
バー

出所：Kotler [1980] p.68.

図表 13-3　事業の再定義の代替案

	顧客機能	顧客層	関連技術
1	変　更	現状維持	現状維持
2	現状維持	変　更	現状維持
3	現状維持	現状維持	変　更
4	変　更	変　更	現状維持
5	変　更	現状維持	変　更
6	現状維持	変　更	変　更

出所：Abell［1980］の著述を基に作成

て現状維持の選択肢もある。

　6つ（ないし8つ）の選択肢を検討し，決定することで，事業の定義の方向性が描ける。新規顧客の開拓に熱心な時代もあったが，今日では，既存顧客に多様にアプローチすることが求められている（第21章参照）。

　男性専用と思われていた市場に女性を動員し，夏場中心の商品を通年化することが企図される一方で，大衆化すると初期の顧客が離脱するような市場もある。

　なにも変更しない「頑固な」店構えが好印象になることもあるが，市場での評価は社会全体の価値観と結びついていることも多いので，変化を好まない頑固一徹の方針に普遍性があるともいえない。

5．マーケティング・マイオピア

　レビットは，事業範囲を狭くとらえた，マーケティング・マイオピア（Marketing Myopia）を警戒する（Levitt［1960］）。マイオピアとは近視眼を意味し，顧客ニーズの充足よりも，既存の製品属性や経営資源にとらわれた事業活動を企図，行ってしまうものである。

　米国の鉄道の会社は，事業をレールの上に限定してしまい，輸送（transportation）全体に目を向けなかったために衰退を迎え，同様に，映画の会社は映画の製作・配給だけを事業として固執してしまい，娯楽（entertainment）産業と

しての使命をもたなかったために，衰退期を迎えたとされる。

　企業の使命や事業範囲を広く捉えて，柔軟な行動を示唆することに異論をはさむ余地はないようにうつる。鉄道の会社は物販店を駅構内で充実させ，不動産業やスポーツクラブの運営など，多角化している。多角化は，新規市場・新規顧客（Ansoff［1965］）であるため，既存顧客に鉄道・駅利用の満足度を上げるための施策であれば，市場開拓になる。[1]

　しかしその一方で，ドメイン・事業の定義が広範で，抽象的すぎると，経営資源の配分に明確な基準を欠くことにもなる。

　上述の例でいえば，キャンディバーの会社の多くが食品会社に成長すれば，キャンディバーの会社にとどまった会社が専門特化として戦いやすくなることも想定できる。ニッチ型の市場対応の余地も残されている。

注
1）多角化は，新規市場・新規製品の組み合わせで表現される。

	既存製品	新規製品
既存市場	市場浸透	製品開発
新規市場	市場開拓	多角化

出所：Ansoff［1965］p.109.

この領域は，創出，革新的というキーワードでも表される（Brown［2009］）。

参考文献

Abell, D. F. [1980] *Defining the Business: The Starting Point of Strategic Planning*, Prentice-Hall.（石井淳蔵訳［1984］『事業の定義』千倉書房）
Ansoff, H. Igor [1965] *Corporate Strategy*, McGraw-Hill.
Alsem, Karel Jan [2007] *Strategic Marketing*, McGraw-Hill.
Brown, Tim [2009] *Change by Design*, C. Fletcher & Company.（千葉敏生訳［2010］『デザイン思考が世界を変える』ハヤカワ書房）
Buzzell, R. D. and B. T. Gale [1987] *The PIMS Principles*, Free Press.
Day, George S. [1977] "Diagnosing the Product Portfolio," *Journal of Marketing*, April, pp.29-38.
Dhalla, Nariman K. and Sonia Yuspeh [1976] "Forget the Product Life Cycle Con-

cept!", *Harvard Business Review*, January-February, pp.101-110.
Evans, Joel R. and Barry Berman [1992] *Marketing*, McMillan.
Hamel, Gary and C. K. Praharad [1994] *Competing for the Future*, Harvard Business School Press. (一條和生訳 [1995]『コア・コンピタンス経営』日本経済新聞社)
Hedley, Barry D. [1977] "Strategy and the Business Portfolio," *Long Range Planning*, 1, pp.9-15.
Hooley, Graham J. and John Saunders [1993] *Competitive Positioning*, Prentice-Hall.
Kotler, Philip [1980] *Marketing Management*, Prentice Hall.
Levitt, Theodore [1960] "Marketing Myopia", *Harvard Business Review*, July-August, pp.45-56.
Nevis, Edwin C. et al. [1997] Understanding Organizations as Learning Systems, in Andrew Campbell and Kathleen Sommers Luchs [1997] *Core Competency-Based Strategy*, Thomson Business Press.

第14章 ブランド・コミュニケーション-1

1．ブランドの重要性

　ブランドとは，"burned"，焼印を押すに由来し，所有者特有の記号，目印を付け，家畜や陶器などの工芸品の，他との識別（出所表示，所有権表明）を図ることを主目的にするものであった。

　ブランドは，かくして，出所（製造業者，産出地）を明らかにし，識別性を高め（差異を強調し），今日では品質の確保・維持も期待できる。製造業者からは，顧客の固定化や流通業者との交渉力（売り場でのスペース確保や値引き販売の対象にならない可能性なども含む）も期待できる。[1]

　ブランドは信頼の束であり，購買リスクが低減するために，愛顧やロイヤルティを顧客は示す。ブランドは資産（equity）として算定されるようになり，M＆A（Merger & Acquisition：吸収合併）の対象になっている（C1000タケダがハウスに，IBMのパソコン事業部がレノボ（Lenovo）に売却されている）。キリンHDは，医薬品大手の協和発酵を約3000億円で，オーストラリアの乳業大手のナショナルフーズを約2900億円買収している（2007年）。2009年にキリンHDは，サントリーと経営統合を図ったが，2010年になって，破談が発表されている。

　伝統的・高級ブランドには物語やエピソードが盛り込まれている。希少性，解釈の分かれるエピソード，知られていないエピソードなどを巡って，イメージや印象が良くなり，知名度や人気度が上がることにつながっている。

　派生（derived）ブランドは，オンワードの2000年秋から展開されている「組曲」にたいする家族向けの「組曲ファム」，やや安価な「組曲シィス」，30代向け「23区」，若い人たち向けの「23区ドゥー」のような，基本ブランドを活

用したブランド拡張の一形態である。

　いっぽう，日常の生活にかかわるブランドでも，一定の記号的情報を提供している。無印良品は「分けあって安い」をコンセプトに，安価な理由がパッケージに表示してある。その理由は，製品の選択上，差しさわりのないものとなっている。

　無印良品はノー・ブランドとみなされるが，ノー・ブランドというブランドとみなすこともできる。プライベート・ブランドは流通業者の付与するもので，製造業者の付与するナショナル・ブランドに対応する用語である。Ken More (Sears Roebuck), Ann Page (A&P), Penncraft (A&P), 百貨店で最初のPBである紳士服のトロージャン（1959年：大丸），セービング（1980年：ダイエー），キャプテンクック（1982年：ダイエー），などが草分け的存在として知られている。

　もっとも，プライベート・ブランドに製造業者の企業名が付されたダブル・チョップ（double chop）・ブランドもある。ジェネリック（generic）・ブランドは固有ブランドのないブランドの総称（もしくは generics）である。

2．ブランド戦略

　ブランド戦略の基本形は，ブランドの強化，ブランドの変更，ブランドの追加・拡張であり，ポジショニングの管理である。ブランド強化は，プロモーション上のテコ入れを表し，スポーツ関連，アルカリイオン飲料からいわゆる清涼飲料に視野拡大を図ったポカリスエットに代表されるようなリポジショニングも含まれる。ポジショニングは消費者の抱く心的，メンタルなイメージであり，実践的コミュニケーション理論でもあり，独自性の発揮につながるものである（Ries and Trout[1986]）。しかし，リポジショニングは簡単ではない（Trout and Rivkin [2010]）。

　ブランド変更は，日産自動車のサニーからティーダ（・ラティオ）のように，排気量の観点から単なる名称変更と受け取られるが，高齢化した顧客層を若返らせるために行われるのであれば，製品コンセプトも変更になる。ブランド変

更はメイン顧客のシフトを企図したものである。

　変更までは至らなくても，サブネームをつける場合もある。ティーダ（・ラティオ）のライバル，カローラにもアクシオがつけられている。カローラはワゴンタイプのフィールダー，RV タイプのルミオンなどファミリーを形成して，ブランド強化にも余念がない。

　エントリーカー，スターレットはビッツになり，コロナはコロナプレミオからプレミオになり，コロナのライバル，ブルーバードはブルーバードシルフィになっている。

　日産自動車は米国で We are Driven キャンペーンなどで慣れ親しまれた DATSUN を 1981 年に NISSAN に変更している。変更後3年間で以前の車名知名率を回復するために DATSUN 時代に投入された費用と同等の費用を必要とした（Aaker [1991]）。

　松下電器産業㈱は，事業範囲，製品に応じてナショナル，パナソニック，テクニクスの3パターンを使い分けていたが，2009 年にブランド名をパナソニック，社名もパナソニック㈱に変更している。

　ブランドの追加・拡張は，M＆A のほか，既存の勢いのあるブランドの威光を借りて，ラインを広げていくものである。新規のブランドの投入の成功率が低く，既存チャネルや売り場のフェイスも活用しやすい。しかし，イメージの統一が図られないと，拡張は失敗する（男性用シャネル，クアーズ・ウォーター，アディダス・コロンなど）（Aaker [1996]）。

　顧客分析，競合者分析，自社分析から戦略的ブランド分析は構成される。自社分析では，既存ブランドのイメージ，ブランド遺産（heritage），強みと弱み，ブランドの魂（soul），他ブランドとの連携が検討項目としてあげられる（Aaker [1996]）。

　ブランド・イメージの把握，表現は難しいが，たとえば，機能性と象徴性の組み合わせで捉えることができる。機能性，象徴性がともに高いのは，プレミアム・ブランド，ともに低いのはチープ・ブランドである。機能性だけが高く象徴性に乏しいものは実用ブランド，逆に象徴性は高いが機能性は低いものは

スペシャルティ・ブランドである。ブランドに階層を認めると，その意思決定では，ブランドの上下関係の整理だけでなく，全体価値の増大を意識する。

企業グループ・ブランドのもとに，コーポレート・ブランドがおかれ，その下に事業ブランド，それを構成するカテゴリー・ブランドがあり，一番下に個別製品ブランドがある。

また，比較優位性，市場セグメントが同じならファミリー・ブランド，比較優位性が異なるものの市場セグメントが同じであるならばダブル・ブランド，比較優位性，市場セグメントがともに異なれば新規の個別ブランドが設定される（Doyle［1990］）。

ポジショニングは消費者の抱く固有のイメージであり，特質や用途，ベネフィット，カテゴリー，品質・価格，ユーザー等によってレリーフされる。しかし，図表14-1のような誤った対応は回避されなければならない。

図表14-1 誤ったポジショニング

アンダー・ポジショニング	強力な中心ベネフィット購買理由の提示の失敗
オーバー・ポジショニング	狭隘なポジショニングで見込み客の見逃し
混乱したポジショニング	相互に矛盾するベネフィットの訴求
的外れなポジショニング	ほとんど気にとめられないようなベネフィットの訴求
疑わしいポジショニング	疑わしいベネフィットの訴求

出所：Kotler［1999］pp.58-59.

市場調査不足に起因する混乱し（confused），的外れ（irrelevalent）で，疑わしい（doubtful）ポジショニングの訴求は，アンダー・ポジショニングやオーバー・ポジショニングと同様に多くの事例が発見されるが，激しい市場競争や日々の技術革新，移ろいやすい消費者のメンタリティも無関係ではない。

3．ブランドの構成要素

ブランド・エクイティは，ブランドやその名前，シンボル，マークと結びついたブランドの資産と負債の合計であり，ブランド認知（awareness），ブラン

ド・ロイヤルティ，知覚品質 (perceived quality)，ブランド連想 (association)，特許・マークなどの資産で検討され，顧客に価値を伝達するものである (Aaker [1991])。ブランドはパーソナリティ，エモーショナル性，顧客との関係性等と相まってプロダクトを超えた存在である (Aaker [1996])。

　ここで注目すべき点は，将来的な価値の向上だけでなく，負債の拡大も起こりうることである。アウディ (Audi) 5000 は急発進問題で，販売が落ち込み，リセール価格の保証などのリスク軽減プログラムを展開することになった (Aaker [1991])。今日においても (2009 年末から 2010 年初頭にかけて)，北米や中国でのトヨタの一部車種で類似の問題が起きている。

　一方，ブランド知識はブランド認知とブランド・イメージから構成され，ブランド・ロイヤルティは購買行動面と密接な関係があるため，ブランド・エクイティから除外する見方もある (Keller [1998])。

　ブランドの構成要素には，以下のような 7 つがあり，ブランドの認知，連想，識別に寄与するものである。

1）ブランド・ネーム（情報伝達力，語感がキーポイント）
2）ロゴ・マーク（ビジュアル化に対応）
3）キャラクター（物語性，話題性がキーポイント）
4）スローガン（説得的で簡潔なフレーズ）
5）ジングル（音楽によるブランド・メッセージ）
6）パッケージ（製品保護のほか，店頭での SP (Sales Promotion) も担う）
7）シンボル（識別性を高めるヴィジュアル・サイン）(Aaker [1991])

　文字のデザインがロゴ，イメージのデザインがシンボル・マーク，その組み合わせはロゴ・マーク。ジングルは，聴覚的にブランドの連想につながる。パッケージングは店頭での識別性や環境配慮も求められる。キャラクターはマールボロのカウボーイ，スローガンはナイキの Just Do It. などが容易に連想されよう。シンボルはマクドナルドの M 字アーチ，ナイキのスウォッシュなど，視覚的な象徴である。

　ネーミングのポイントは，親しみやすく，発音しやすく，記憶しやすいもの

がよい（総合的には識別性が高いものがよいといえる）。しかし，意味伝達力やイメージ性は，そうした配慮を組み込んだ結果，同一の業界で類似のネーミングが林立することになり，識別性，個性が乏しくなっている面もある。[2]

ブランド・アイデンティティは，ブランド戦略の策定者が創造・維持したいと思うブランド連想のユニークな組み合わせのことであり，ブランドの中心となるエッセンスであるコア・アイデンティティとその周辺の拡張されたアイデンティティとから成る（Aaker [1996]）。

しかし，そのアイデンティティにも，ポジション，イメージ，プロダクトの属性，ブランド外部との連接にかかわるもの等のトラップがある。どのように知覚され，どのように知覚されたいと思うか，ターゲット・オーディエンスにコミュニケートされるかが検討されなければならない（Aaker [1996]）。

4．計画的陳腐化政策

計画的陳腐化政策（planned obsolescence policy）とは，製品を旧式にし，更新，新規需要の創造を主要目的として展開されるもので，置き換え市場，中古市場が生み出される。次のような，3つの形態がある。

1）物質的陳腐化（material obsolescence）
2）機能的陳腐化（functional obsolescence）
3）スタイル的陳腐化（style obsolescence）（Kotler [1980]）

劣悪な材料の使用や品質を顧みない物質（素材）的陳腐化は，製品寿命の短命化や修理費等の増大を招き，価格の引き上げと同様の効果をもたらす（Stewart [1959]）。物質的陳腐化は，素材的・品質的陳腐化，物理的陳腐化（physical obsolescence）ともよばれる。

機能的陳腐化は技術革新の成果を受けたもので不可避な側面があり，技術的陳腐化（technological obsolescence）ともよばれる。

頻繁なスタイルの変更による意図的な陳腐化は，心理的陳腐化（psychological obsolescence），流行上の陳腐化（fashion obsolescence）ともよばれる。表面的な

手直しによる販売促進策として欲望を陳腐化し，展開されてきた経緯がある。意図的な粗悪品（shoddy product）の提供と同様，これまでに消費者団体から厳しい指摘がなされてきている（Stwart [1959]）。

延期された陳腐化（postponed obsolescence）は，現在のモデルに対する需要が減退するまで導入されないものである（Stanton [1980]）。競争が激化した今日の市場環境では想定しにくい政策である。

伝統的ファッション・ブランドは比較的長時間，スタイリング，デザイン面での変更が施されない。一部のヨーロッパの乗用車も，機能的には進化しても，一定のスタイリングを維持している。

注
1）商標法では，文字，図形，もしくは記号もしくはこれらの結合またはこれらと色彩の結合であって，業として商品を生産し加工し証明しまたは譲渡する者がその商品について使用するものをいう（商標法第2条）。
2）識別性が高いとされる3Mのコーポレート・ネーム（企業名）は Minesota Mining & Manufacturing Co.，トレードネームは3 M Co.，トレードマークは Scotch である（Blake and Blake-Bohne [1991]）。

参考文献
Aaker, David A. [1991] *Managing Brand Equity*, Free Press.
——[1996] *Building Strong Brands*, Simon & Schuster.
Blake, George Burroughs and Nancy Blake-Bohne [1991] *Crafting the Perfect Name*, Probus Publishing Company.
Doyle, Peter [1990] "Building Successful Brands : The Strategic Options," *Journal of Consumer Marketing*, 2, pp.5-20.
Keller, Kevin Lane [1998] *Strategic Brand Management*, Prentice-Hall.
Kotler, Philip [1980] *Marketing Management*, Prentice-Hall.
——[1999] *Kotler on Marketing*, The Free Press.
Ries, Al and Jack Trout [1986] *Positioning: The Battle for Your Mind*, McGraw-Hill.
Trout, Jack and Steve Rivkin [2010] *Repositioning*, McGraw-Hill.
Stanton, William J. [1980] *Fundamentals of Marketing*, McGraw-Hill.
Stewart, J. B. [1959] "Planned Obsolescence," *Harvard Business Review*, September-October, pp.165-175.

第15章 ブランド・コミュニケーション-2

1．ブランド・ネーム

　ブランド・ネームは，ブランドのポジショニングや特徴，独自性，個性，精神を表現するものであり，視覚的にも聴覚的にも，意味伝達力をもち，注意をひき，記憶に残り，識別性があり，道徳性を満たすものが求められる。

　これらの条件を加味して，競合他社や消費者名の反応を意識したネームの絞り込み，決定に関する戦略的活動はネーミングとよばれる。正確な記憶，想起，連想のためにはシンプルさも必要になる。ファミリー・ブランド，コーポレート・ブランドのネームとの連携性も欠かせない。今日では，外国語としてネガティブなイメージにつながらないことも重要である（Robertson [1989]）。

　しかし，こうした条件をすべて満たすことは難しく，すぐれたネーミングといわれるソニーのウォークマンも，英語の文法的に不適切とかわが国でしか通用しないなどとの評価を浴びていた。ネーミングの会社としてアキュラ，コンパックなどの命名で知られるネーム・ラボ（Name-labo）やランドー・アソシエーツ（Rando Associate）などが著名である。

　ブランド・ネームは，記憶テスト（記憶性），選好テスト（好意の度合い），連想テスト（イメージのつながり），学習テスト（発音の容易性など）などを経て選定される。

　トヨタ自動車は，いくつかのメディアを通じて，車名の由来を公開している。

　これらの車種のネーミングをみると，イタリア語やラテン語からの援用，1番目，主要な，などの意味や，当該ブランドの特徴を表現したものとに分けられる。[1]

図表15-1　トヨタ自動車の車名の由来

プログレ Progres	フランス語で進歩・進取	アベンシス Avensis	フランス語の Avancer 前に進からの造語
アリオン Allion	All In One すべてを一つにからの造語	MR-S	Midship Runabout Sports の略称
プリウス Prius	ラテン語の，〜に先駆けての意味	ヴィッツ Vitz	ドイツ語の witz 才知，機智からの造語
ランドクルーザー Land Cruser	Land と Cruiser の合成で陸の巡洋艦の意味	カルディナ Caldina	イタリア語で中心的な，主要なという意味
パッソ Passo	イタリア語のステップ，足音の意味	プレミオ Premio	英語 premier 第1位のからの造語
RAV4	Recreational Active Vehicle 4 Wheel Drive の略語	カローラ・ランクス Corolla Runx	英語の run と x の組み合わせで究極の走りの意味をもつ造語
ポルテ Porte	フランス語で扉の意味	イプサム Ipsum	ラテン語の本来のという意味
アルファード Alphard	星座のなかでもっとも明るい星を意味するギリシャ語のαに由来する造語	ラクティス Ractis	Runner with activity & space の略で走りと空間を表現
クルーガー Kluger	ドイツ語の賢い，聡明なという意味	アイシス Isis	古代エジプトの豊穣の女神の英語名
イスト ist	〜をする人を表す接尾語	ハリアー Harrier	英語のタカの一種，チュウヒの意味
シエンタ SIENTA	スペイン語の7のシエテとエンタテインメントとの結合造語	ヴォクシー VOXY	英語の vox 言葉，声と boxy 箱型のとの結合造語
カムリ CAMRY	日本語の冠からの造語	カローラ Corolla	英語で花の冠
bB	black Box のイニシャル	ラウム RAUM	英語の room に相当するドイツ語

出所：トヨタ自動車『クルマまるわかりブック 2009〜2010』より抜粋

　識別性に関しては，依然として乏しいものも多く，吸収合併によって総称的なネーミングを採用したために，出自が明らかではない場合もある。優位さ，差異を希薄化し，関連するブランドを選択肢として非関連として除外することも検討されている（Aaker [2011]）。

クリネックス（Kleenex）やフェデックス（FedEx）のように，ブランド・ネームが製品カテゴリーと一致するようになると，他ブランドは価格競争やセールス・プロモーションで対抗するほかはなくなる。Duracell（乾電池），Ziplocビニールの保存用バッグ）などは一般名称のように受け止められる。[2]

スポーツ施設をはじめとする公共施設に企業名や製品名をつける命名権（ネーミングライツ）の契約件数が増え，契約金額が大型化して注目を集めている（市川［2009］）。しかし，自治体などからの件数は増えても，2005年に4億7千万円の5年契約であった横浜国際総合競技場（日産スタジアム）は1億5千万円の3年契約で更新したことに象徴されるように，契約金額は低下の傾向にある（『日本経済新聞』2010年9月8日）。[3]

2．グラフィック表現

グラフィック表現は，トレード・マーク，ロゴ（logo），トレード・ドレス（trade dress）などからなる。

トレード・マークやロゴが効果的で，競争力をもつためには，保護性，受容性，独自性，適合性，柔軟性，識別性，永続性，明確性が検討され，法的に確保される必要がある（Knapp and Hart［2000］）。グリーン地の象徴的な絵柄にロゴを配したスターバックスのトレード・マークは識別性，ストーリー性などの点ですぐれた事例である（Knapp and Hart［2000］）。しかし，わが国では，このスターバックスのトレード・マークにたいする新たなトレード・マークの類似性をめぐって紛争も起きている。[4]

トレード・マークは，塩野義製薬，田辺製薬，二重円で色違いのグンゼと日本水産，円のなかに正三角形で色違いの武田薬品工業と日動火災海上保険，そごう，宝酒造，日本電信電話などの類似の構成・図柄となりがちな幾何系，高島屋，三越，日立製作所，キッコーマン，日本たばこ産業，日産自動車，東芝，バンダイ，ワコール，大洋漁業などの文字系，資生堂，ライオン，花王，佐藤製薬，トンボ鉛筆，出光興産，岩波書店などの具象系に大別される。日本コカ

コーラ，カゴメなどのように文字系と幾何系を組み合わせたものも少なくない。

　家紋の流れからみると，幾何系で，菱持ちの3個（寄せ三つ菱）が三菱グループのトレード・マーク，隅立て井筒が住友グループのトレード・マークである。子持ち亀甲に萬字が文字通りキッコーマンである。

　具象系のなかでは，朝日麦酒，森永乳業，サンウェーブ，山崎製パン，後楽園スタジアムなどの太陽系と日本リクルートセンター，イトーヨーカ堂（色違いのヨークベニマル），長崎屋，大正製薬，本州製紙，日本通運（ペリカン便），日本航空，ルフトハンザ航空などの鳥系が目立っている。動物系では，ヤマト運輸，西濃運輸，プジョー，フェラーリ，ジャガーキリンビール，ブルドックソースなど，多数ある。

　ロゴは，字体にイメージが込められた資生堂，シャープなどに加えて，丸井，クボタ，リコーなどのように字体に工夫を凝らしたもののほかに，伊勢丹，ダイドードリンコ，オリエントコーポレーションなどのように幾何的なアクセントを添えるものも多い。

　タイポグラフィは，印刷物を美しく読みやすくするための，文字の書体，大きさ，間隔，配置，構成上の工夫である。新幹線乗り場などで，不特定多数の利用者が不自由なく動けるよう，読みやすいように文字の大型化が進んでいる。

　トレード・ドレスとは，トレード・マーク，ロゴ以外で，パッケージング（packaging）やマクドナルドのゴールデンアーチ，コカコーラのボトルのように提示の仕方などのブランド・イメージを特徴づけるものの総称である（Knapp and Hart [2000]）。米国ランハム法に基づき，識別力のある外観の意味で用いられることもあり，長い期間使われることによる消費者の認知は必ずしも求められない（『日経流通新聞』2007年2月16日）。トレード・ドレスは，色づかい，香りなどによって感性に訴えるものでなければ効果は薄い（Gobe[2001] [2009]）。一部の専門店や商業集積では，香りによる癒しの演出や誘客が試みられている。

　パッケージングに関しては，色，形，素材の造形の3要素で容器・包装が検討されてきた。単なる運搬・保管上の製品保護から，セルフサービスの一般化や製品のまとめ売りのために段ボールに入れられたまま店内におかれたりする

ようになったことで，これまで以上に重要性が増している。パッケージングによってデザイン，カラリングなどによる差異化や使用素材，3R (reuse, reduce, recycle) への環境配慮などの訴求が行われるようになったのである。

プロダクト・パッケージングは，店頭のフェイス割の影響を強く受け，縦横のサイズ，デザイン，カラーリングが競合他社のライバル製品と対比され，シンプルさと斬新さ，奇抜さとのせめぎあいになっている。複数商品の一体化のためのシュリンクパック，製品を見せながら台紙を利用して様々な情報を提示するブリスターパック，未開封を確認できるヴァージンシールも用いられている。

ラベリング (labeling) は，製品に添付されている表示で，家庭用品品質表示法やJAS法などに基づく法定表示と任意表示に分かれる。

3．ブランド・リレーションシップ

ブランドと顧客（消費者）との関係性を解きほぐすと，企業と顧客（消費者）の双方に利益があることが浮かび上がる。企業側からは，顧客一人当たりの年間売上高が増加し，販売コストが低下する。さらにプレミアム価格での販売も可能になり，顧客の推奨や調査協力も期待できる。顧客（消費者）側からは，リスクが小さく，製品選択が容易になり，探索時間が短縮できる。スイッチング・コスト（切り替えコスト）や自己情報の提供のコストが少なくなり，自分の存在を認めてくれることにつながる (Knapp and Hart [2000])。

そうしたリレーションシップ (relationship：関係性) は，信頼 (trust)，一貫性 (consistency)，接近容易性 (accessibility)，対応性 (responsiveness)，関心 (commitment)，愛着 (affinity)，好み (liking) の各要素から測定できるが，絆 (bondage) の階層の分類，すなわち，認知 (awareness) →アイデンティティ→関係→コミュニティ→推奨 (advocacy) もガイドラインとなる (Knapp and Hart [2000])。

リレーションシップが確固たるものとなると，次のステップは，ファミリー・ブランド，マルチ・ブランド等からなるブランド拡張 (extension) である。

新製品に対するブランド拡張の影響には，より良い（more good）影響（拡張がブランド・ネームを補強），良い（good）影響（ブランド・ネームが拡張を支援），厄介な（ugly）影響（ブランドネームのダメージ），より厄介な（more ugly）影響（新規のブランド・ネームの創出の機会の喪失），悪い（bad）影響（ブランド・ネームが拡張の支援に失敗）の5タイプが考えられる（Aaker［1991］）。

ブランド拡張にはリスクや予期しない問題への対応を迫られるケースもあるが，強力なブランド連想は競争優位性をもたらし，PLCへの対応策となることも想定される。

4．セールス・プロモーション

セールス・プロモーションは主体・客体の観点から，コンシューマー・セールス・プロモーション（consumer sales promotion ＝ CSP：製造業者から消費者に向けたプロモーション），トレード・セールス・プロモーション（trade sales promotion ＝ TSP：製造業者から流通業者に向けたプロモーション）の2つに大別できる。

クーポン（coupon）は，米国でみられるように，Save 30¢のようにバーコード付きで店内で入手できるものである（わが国では，コミュニティー・ペーパ

図表15-2　セールス・プロモーションのタイプ

	CSP	TSP
ツール	クーポン デモンストレーション インセンティブ POPディスプレイ サンプル配布 払い戻し プレミアム 値引き コンテスト・懸賞	アローワンス ディーラー・ローダー プレミアム・ブランド セールス・コンテスト

出所：Pride and Ferrell［1993］pp.560-566.（抜粋）

ーなどでも配布されている)。デモンストレーションは実演販売であり,インセンティブ (incentives) はフリークエント・ユーザーへの報酬である。トレーディングスタンプ (trading stamps) が該当するが,今日ではポイント制度が主流である。POP (Point-of-Purchase) ディスプレイは,店頭でのサインや表示である。サンプルは試供品であり,払い戻し (refunds) は値引き (cents-off offers) とほぼ同様の効果になり,プレミアムはおまけである。コンテスト・懸賞 (sweepstakes) には,自由に応募できるオープン懸賞と購買を条件としたクローズド懸賞がある (Pride and Ferrell [1993])。

そのほかに,CSP にはチラシ (flyer ; circular),増量パック,バンドル,限定パッケージなどがある。

TSP のアローワンス (allowance) は金銭的見返りの総称で,利益補填の意味もある。リベートを関係性の維持に限定する見方もある。

ディーラー・ローダー (dealer loaders) とは,特別な高品質な製品の販売に際して付与されるものである。

プレミアム・ブランドは,広義のセールス・プロモーションの一角である人的販売を基本として,セールス・プロモーションには依拠しない姿勢を保持している。値引き販売は,何らかの理由によるアウトレットでの販売や期間・メンバーを限定した販売で対応している。

PB (private brand) は,価格訴求の流通業者ブランドであり,NB (national brand) に対して,買い得感によって受け入れられる。1970年代から導入された PB は,大手スーパー・マーケットをはじめとして,ドラッグ・ストア,ホーム・センターへと拡充し,ブランド信仰の薄れも論議されるようになっている (日本経済新聞社 [2009])。

注

1) この表には,Avensis, Isis のように is で終わるネームがある。病名の多くの語尾が is であるため,一定の国では,回避すべきとの指摘もある (Boyett and Boyett [2004])。日産自動車のプリメーラも第1のという意味のラテン語の変

形であった。
2) 一般名称化しているブランド・ネームとして，ジェット・コースター（後楽園遊園地），マジック・インキ（内田洋行），プラモデル（マルサン商会），セロテープ（ニチバン薬品）などがあげられる（括弧内が商標権所有者）。
3) 契約件数が増え，契約金額が大型化して注目を集めている（市川［2009］）。しかし，自治体などからの件数は増えても，2005年に4億7千万円の5年契約であった横浜国際総合競技場（日産スタジアム）は1億5千万円の3年契約で更新したことに象徴されるように，契約金額は低下の傾向にある（『日本経済新聞』2010年9月8日）。
4) 2000年にスターバックスがドトール系のエクセルシオールのトレード・マークの使用禁止を求める仮処分申請を不正競争防止法に基づき行い，同年8月，エクセルシオールが，外側の円を青に変えることで和解が成立している（『日経流通新聞』2007年2月16日）。外食産業における模倣をめぐる紛争としては，「月の雫」（三光マーケティングフーズ）と「月の宴」（モンテローザ）（2003年），「和民」（ワタミフードサービス，現ワタミ）と「魚民」（モンテローザ）（2004年），「まいどおおきに食堂」（フジオフードシステム）と「めしや食堂」（ライフフーズ）（2006年）などがある。

なお，スターバックスの本拠地の1号店ではトレード・マークは茶色であり，香港などでの類似トレード・マークの使用禁止の訴訟は敗北している。

参考文献

Aaker, David A. [1991] *Managing Brand Equity*, The Free Press.
——[2011] *Brand Relevance*, Jossey-Bass.
Boyett, Joseph H. and Jimmie T. Boyett [2004] *The Guru Guide to Marketing*, John Wiley and Sons.（中川治子訳［2004］『カリスマに学ぶマーケティング』日本経済新聞社）
Gobe, Marc [2001] *Emotional Branding*, Allworth Press.
——[2009] *Emotional Branding*, updated and revised edition, Allworth Press.
Knapp, Duane E. and Christopher W. Hart [2000] *The Brand Mindset*, McGraw-Hill.（阪本啓一訳［2000］『ブランド・マインドセット』翔泳社）
Kotler, Philip [2000] *Marketing Management*, Prentice-Hall.
Pride, William M. and O. C. Ferrell [1993] *Marketing*, Houghton Mifflin Company.
Robertson, Kim [1989] "Strategically Desirable Brand Name Characteristics," *Journal of Consumer Marketing*, Fall, pp.61-70.
市川裕子［2009］『ネーミングライツの実務』商事法務
日本経済新聞社［2009］『PB「格安・高品質」競争の最前線』日本経済新聞出版社

第16章 プロダクト・コミュニケーション－1

1．プロダクトの概念

　プロダクト（product：製品）は，プロデュース（produce：生産する，創造する）の名詞形でプロダクション（production：制作，作品，著作（物））と使い分けている。製造物責任法（1997年制定）は英語表記ではProduct Liability Lawであり，PL法ともよばれている。

　製品は商品と相互交換的に，あるいは慣例，語感でわが国では使用されており，工場で生産されたものは製品であり，市場化（上市）されて，初めて商品となるという狭義の視点もある。

　しかし，生産・製造を工場に限定する必要はなく，ファスト・フードの店頭で提供されるスマイルや一部のテーマ・パークでの利用者（ゲスト）に手を振る行為も，交換対象の一部であるとみなされると，次図表に表わされるように，広義にはサービスも製品と捉えられる。

図表16-1　組織の製品と顧客

組　織	製　品	顧　客
博物館	文化的鑑賞	一般大衆
安全協力会	安全運転	運転者一般
選挙立候補者	適正な施策	選挙民
家族計画財団	産児制限	多産の家族
警　察	安　全	一般大衆
教　会	宗教的経験	教会メンバー
大　学	教　育	学　生

出所：Kotler［1972］p.47.

さらに広義には，テレビの視聴は自分の時間との交換であり，アイデアや人間さえもマーケティングの対象となり（Kotler and Levy [1969]），非営利組織の提供物 (offerings) にまで対象は及ぶ。社会的交換をマーケティングとみなすと，それはマーケティングのアイデンティティの喪失との反論も提示されることになる。[1]

科学技術の反映や輻輳化する消費者ニーズに対応するためプロダクトのアイテムが増え，範囲が広がっており，それに呼応してプロダクト・コミュニケーションの領域は極めて広範になっている。

2．ドミナント・デザイン

ドミナント・デザイン (dominant design) は，一定時期に有力，支配的になっている（あるいは，特段の考慮なく受け入れられている）製品形態・構造である。

乗用車でいえば，内燃機関をもった4輪の移動機械・装置である。内燃機関の大きさや位置，外形・スタイリングなどによってバリエーションが生まれる。幌や屋根（ルーフ）の有無や形状は既存の自動車の論議範疇にはいるが，近年は，新たな範疇である内燃機関に電気駆動装置を組み合わせたハイブリッド型，電気自動車の普及に，環境配慮，枯渇資源への対応などから注目が集まっている。

鉄道でいえば，レール（軌道）を利用した動力機関による移動機械・装置である。軌間，動力の種類などによってバリエーションが生まれる。イギリスでジョージ・スティーブンソンが提唱し，1846年にイギリス議会で標準と定めた1,435mmが標準軌であり，これより狭い，わが国の在来線の1,067mm（3フィート6インチ）は狭軌になる。

蒸気機関車が姿を消し，電化が進みディーゼルカーが一部地域でだけ運航される状況になり，車両の長さやドアの数が変化しても既存の鉄道の論議の範疇にはいり，トロリーバスは電力を供給する架空線から離れて運転できないため鉄道の一部とみなされる（無軌条電車）（しかし，軌道上を走行しないため鉄道の範疇から除く見解もある（青木 [2008]））。名古屋市の大曾根駅から延びる路線「ゆ

とりーとライン」はガイドウェイバスという鉄道であり，小幡緑地を出た後は一般道路をバスとして運行する。

　鉄道には新たなドミナント・デザイン形成の動きが乏しい。その背景には，多くの方式が混在していることがあげられる。動力が集中方式と分散方式に分かれ，機関が広軌，標準軌，狭軌が混在し（軌間可変列車が登場している），高架鉄道，地上鉄道，地下鉄道が使い分けられ，用途別には普通鉄道，旅客鉄道，貨物鉄道がある。また，鉄道という大きな枠組み（社会システム；インフラストラクチャ）のなかで，経営主体の公共性が高く，設備型産業であるために，大きな変化が生まれにくいということがある。

　わが国では，動力の方式は，電気機関車がけん引する（動力集中方式）ブルートレインの廃止が相次ぎ，動力分散方式がドミナント・デザインになりつつある。

　しかし，視線を鉄道車両に向けると，ドミナント・デザインは生まれている。首都圏の車両は20m 4 ドア化（国鉄は昭和初期は17m 車体（モハ 30系）が標準形省線電車，その後18m 3ドア車からの両開きドアへの進化，20m 3ドアの近郊型に発展；たとえば，東京急行電鉄8000系は1969年に20m 4ドア車として登場している）され，関東ではロングシートがメイン（関西では2人がけ転換クロスシートがメイン）で一部のセミクロスシート，鋼製に替わるシルバー系の軽量ステンレス・アルミ車体が一般化している。

　6ドア車や幅広ドア車も導入されたが，小田急は1991年に導入した1500系の2mの幅広ドアを改修し（標準1.3mに比べやや幅広の1.6m），2011年夏までに山手線は6ドア車を廃止する予定になっている。山手線の場合は，混雑度が解消しつつあることもあるが，転落防止用ホームドア全29駅での設置への対応も一因である。

　営団地下鉄（当時）は1992年に東西線で1.8mの幅広ドア（05系），日比谷線で5ドア（03系の両端の車両）を実験している。東西線車両を改修したところを見ると（座席数や広告スペースが減少），一定の方向性を得たようであった（京王電鉄6000系も5ドアを4ドアに改修）。しかし，2010年に東西線に再び幅広4ド

アの 15000 系を投入している。ドアの広さは着座よりも乗降時間の短縮を優先しているように映る。東急 5000 系田園都市線用は 1 編成 (10 両) 中, 2〜3 両が 6 ドア車になっている。半蔵門線のように (東武 8000 系, 10000 系も乗り入れているがいずれも 4 ドア) 4 ドア, 5 ドアが混在する事態は, 転落防止のためのホームドア設置の妨げの要因の一つになっている。

これらは, 乗車位置の移動による不親切さや着席の可能性の低下による快適性の低下につながる。

東急電鉄が 1962 年にフィラデルフィアのバッド (Budd) 社 (現, ボンバルディア社) から技術供与を受け (under licence from the Budd company Philadelphia), フィラデルフィア市地下鉄をモデルとしたオール・ステンレス車体 (7000 系) を登場させている (2000 年 3 月 20 日引退;福島交通や弘南鉄道などに譲渡されている)。[2]

丸みを出す加工 (アールの叩き出し) が困難なため, 四角い角ばったスタイルとなった。コルゲート板 (波板) のある特有のシルバーの輝きが先端性を表していた。オール・ステンレスカー車は, 南海電鉄 6000 系のほかに, 京王電鉄 (1998 年 7 月, 京王帝都電鉄から改称) 井の頭線 3000 系がある。3000 系はフロント上部に, 3 次面加工が容易で比較的低廉な強化プラスティック (FRP) カバーを付け, 7 色のレインボーカラー車とよばれた。識別性を高め, 柔らかさを演出し単調さを補うため, JR 東日本の山手線 205 系の下部, 211 系の前面周囲にも FRP が用いられている。鋼製に比べ車体が 20% 軽く (省電力になる), 塗装が不要で, 省エネ志向にも合致している (宮田・守屋 [2008])。軽量化を実現しているアルミカーの代表は営団 (現, 東京地下鉄) 02 系統, 塗装されたアルミカーでは京阪 6000 系があげられる。

吊革も丸型, 三角型が混在している。握りやすさだけでは決まらない要素があるようだ。西武鉄道 30000 系 (2008 年導入) は, たまご型で, つかみやすくやさしいイメージを与えている。東急では三角形の吊革の長さを変え (5000 系では 345mm と 445mm (ともに天井まで 315mm), 215mm (天井まで 255mm)), JR 東日本 231 系, 233 系では吊革を縦長の三角形の黒 (優先席付近は黄橙色) にし,

1量当たり149個（従来車より13％の増）としている。

　かつて，リコ式とよばれる，使用しないときはばねで窓側にもどる（窓側に垂直に位置する）吊り手を東京地下鉄道（後，営団地下鉄，現，東京メトロ銀座線）で採用していた（1927年～1981年）。同じ角度で静止しているため，整然として広く見える効果があったが，跳ね上がった吊り手による事故などにより，廃止の憂き目にあっている。

3．アフォーダンスの視角 ◇❖❖❖❖❖❖❖❖❖❖❖❖❖❖❖❖❖❖❖❖❖❖❖❖❖◆

　アフォーダンス（affordance）は，ギブソン（James Gibson）がafford（＝余裕がある，与える）から生み出した特有の言葉，概念である。

　アフォーダンスは，環境が動物に提供するもので，身の回りに潜む意味であり，行為の資源となるものである（佐々木［1994］［2008］）。協調としての行為が関連する環境（動物の周囲）の性質であり，環境は行為にとっての意味があると考えられている（佐々木［2003］）。自然にはデザイン原理があると解釈され，肌理や光の流れにまで考察の対象は広い（佐々木［2003］）。

　身の回りの道具（製品）の形や操作の仕方，自然界の植物，動物の形や色などをあらためて見ると，これまでの学習から理解できるものと，そうでないもの，推察できるかもしれないものなどに分かれる。

　ノーマン（D. A. Norman）は，道具は，それを使って何ができるかを明らかにしておく必要があることを説いている（Norman［1988］）。ユーザーとデザイナーの垣根を取り払う認知科学者の唱えるデザイン原論として知られているが，狭い住宅にあふれる使われない機器，互換性のないリモコンからヒューマンエラーにいたるまで，道具の改善は今すぐ，取り組まれる必要がある。しかし，デザインは簡単ではなく，デザインのプロセスの複雑さやコンピュータシステムの脆弱さに起因するが，アフォーダンスの視点から磨きあげられなければ，便利さは甘受できず，ミスもふせぎえない（Norman［1988］）。

　日常の生活における知覚と行為に対する観察，分析をとおして，そこで得ら

れたものは，道具（日用品）のデザイン（インターフェイス・デザイン）に反映されなければならない。たとえば，読み取りミスを極力減らすため，Suica 改札機の読み取り角度は 13.5°傾斜している（山中［2010］）。アフォーダンスの視角をデザインに取り入れることによって，自然な動き，ミスのない操作が確保される。その広がりはやがて社会システムの変革につながってこよう。

4．アクセシブル・デザイン

　アクセシブル・デザイン（accessible design）はより多くの人が使用・利用に際して不便を感じないよう設計することである。牛乳パックの切り欠き，バスカードの切り欠き，公衆電話の 5 番の凸マークなどがある。[3]

　アクセシブル・デザイン基本規格として，2001 年に設定された ISO/IEC-Guide71（JIS Z 8071）がある。

　アクセシブル・デザインに注目が集まる背景には，超高齢社会に向けた対応が求められていること，障害のある人たちへの総合的・包括的な対応が求められていることなどがあげられる。

　アクセシブル・デザインと類似の用語としては，ユニバーサル（universal：万人の）・デザイン，デザイン・フォー・オール（design for all：万人向けデザイン），インクルーシブ（inclusive：包括的）・デザイン，ノーマライゼーション（normalization：ノーマル化），バリア・フリー（barrier-free：障害のない）・デザイン，共用品がある。[4]

　ここで，位置とレイアウトは車いすでも届くボタンの位置など，色，コントラストは，見やすい色の組み合わせ，分かりやすい言葉は単純で理解しやすい取り扱い説明書，扱いやすさは開けやすいふた，アクセスルートは車いすのための段差解消などを表す。

　感覚は視覚，聴覚，触覚，味覚・嗅覚，平衡感覚，身体には自由さ，操作，動作，筋力，発生，認知には知的能力／記憶，言語／読み書き，アレルギーには接触／食物／食道がある。

図表 16-2 配慮すべき要素

	感覚能力 見る, 聞く, 触るなど	身体能力 移動, 話すなど	認知能力 判断, 記憶など	アレルギー 接触, 食べ物など
情報分野	色, 文字の大きさ, コントラストなど	位置, レイアウト	図記号, 絵記号	成分表示, 注意喚起
包装分野	色, 文字の大きさ, コントラスト, 形状など	扱いやすさ, 材質など	図記号, 絵記号	成分表示, 注意喚起
素材分野	色, 文字の大きさ, コントラスト, 形状, 材質, 音響など	扱いやすさ, 材質など	色, コントラスト, 形状など	成分表示, 注意喚起
ユーザー・インタフェース分野	色, 文字の大きさ, レイアウト, 扱いやすさなど	位置, レイアウト, 扱いやすさなど	図記号, 絵記号, 分かりやすさなど	アレルギー性, 毒性のない素材
保守・保管・廃棄分野	扱いやすさ, 道理に合った手順	扱いやすさ	図記号, 絵記号, 道理に合った手順	アレルギー性, 毒性のない素材
建築環境分野（建物等）	照明, アクセスルート, 音量など	位置, レイアウト, 材質など	図記号, 絵記号, 分かりやすい言葉など	アレルギー性, 毒性のない素材

出所：ISO/IECGuide71「配慮すべき要素」（一部, 削除, 加筆）

情報分野では，表示・警告を扱い，電源ボタンや再生・停止などの操作ボタンには凸表示がある。文字を大きくした視覚表示，音声案内もある。包装分野では，開閉，使用，廃棄の点から，配慮が考察される。触覚表示として点字の使用がよく知られているが，シャンプー・リンスのギザギザ（わが国独自の規格で，JIS S 0021）は，触覚表示であり，入浴時にだれにでも便利である。建築環境分野（建物等）では，バリア・フリーなどの車いす関連の配慮がよく知られているが，照明，音響も大きな役割を担っている。

ユーザー・インタフェースは，理想としては目に見えない（意識しなくてもよい）ものであるべきであるが，たいていの場合，形や機能よりも軽視される（Petroski［2003］）。完璧なデザインはないかもしれないが，良いデザインについては語ることができ，スーパー・マーケットの迷路じみたデザイン，限られた空間にたくさんのものを詰め込むことなどに，論議はつきない（Petroski

[2003])。

　かくして，使いやすいだけではなく，ハッピーな気持ちにしてくれる，自慢したくなるストーリーをもっているなどの製品の魅力の拡大が重要な課題になってくる。デザインの実践レベルからは，本能（visceral）⇒外観，行動（behavior）⇒使用上の喜びと効用，内省（reflective）⇒自己イメージ，個人的満足感，思い出が論議の対象であり，情動（emotion），感情（affect）をベースとするものである（Norman［2004］）。

・+・

注

1）Kotler and Levy［1969］，Luck［1969］，Bartels［1974］をはじめとする激しい論争が展開されている。

　また，センセーショナルな流通革命論（林周二［1962］『流通革命』中央公論社）で知られる林周二東大教授は法律制度，経済制度，あるいは学問的知識は仁言の所産という意味ではプロダクトとして呼ぶことも可能であるが，天然資源を使用しておらず，それに手を加えていない以上，プロダクトではないとする。織物→被服，加工食品→ランチ，アルミサッシ→住宅のように単体の製品をシステム的に組み合わせたものをシステム製品と呼んでいる（林周二［1972］『現代製品論』日科技連）。

2）オール・ステンレス車両の前に1958年からスキンステンレス車両（構体だけがステンレス）5200系，1960年から6000系が在籍している。1961年には営団地下鉄日比谷線用の3000系が投入されている。1989年には東急電鉄では営業車両がすべてステンレス車輌になっている（神尾純一［2004］「車両総説」『鉄道ピクトリアル』7月臨時増刊号，pp.40-46.）。5201号車は産業遺産として保存されている。

3）牛乳パックは，注ぎ口と反対側にある切り欠きによって他の飲料パックと区別できる。バスカードは1000円が一つ，3000円が二つ，5000円が三つの切り欠きがある。しかし，2010年3月末をもって販売停止となり，パスモ・スイカの使用に切り替わった。両者に区別のためのマークはない。

4）バリア・フリーはすでにある障害を取り除くとする見方（たとえば，三菱電機デザイン研究所［2001］）もあるが，不動産業界ではすでに配慮した新築住宅でもバリア・フリーという用語を用いて販売している。名古屋市交通局は，東山線N1000形車両の導入に課して，車両床面とホームとの段差の縮小や車いすスペースの増設などをバリア・フリー化の促進と称している（桜井雄二郎［2008］『東山線N1000形車両の概要』運転協会誌587，5月号，pp.46-49.）

参考文献

Bartels, Robert [1974] "The Identity Crisis in Marketing," *Journal of Marketing*, October, pp.73-74.

Gibson, James J. [1979] *The ecological approach to visual perception*, Houghton Mifflin.（古崎敬他訳［1985］『生態学的視覚論』サイエンス社）

Kotler, Philip [1972] "A Generic Concept of Marketing," *Journal of Marketing*, April, pp.46-54.

――and Sidney J. Levy [1969] "Broadening the Concept of marketing," *Journal of Marketing*, January, pp.10-15.

Luck, David J. [1969] "Broadening the Concept of Marketing, Too Far," *Journal of Marketing*, July, pp.53-55.

Norman, Donald A. [1988] *The Psychology of Everything*.（野島久雄訳［1990］『誰のためのデザイン？』新曜社）

――［2004］*Emotional Design Why we love（or hate）everyday things*, Basic Books.

Petroski, Henry [2003] *Small Things Considered*, Randam House.（忠平美幸訳［2008］『〈使い勝手〉のデザイン学』朝日新聞出版）

青木栄一［2008］『鉄道の地理学』WAVE 出版

宮田道一・守谷之男［2008］『電車のはなし』成山堂書店

佐々木正人［1994］『アフォーダンス』岩波書店

――［2003］『レイアウトの法則』春秋社

――［2008］『アフォーダンス入門』講談社

三菱電機デザイン研究所［2001］『こんなデザインが使いやすさを生む』工業調査会

山中俊治［2010］『デザインの骨格』日経 BP 社

第17章 プロダクト・コミュニケーション−2

1．サービスの特性

　サービスとは，販売のために提供されるか，財の販売に関して提供される行為，ベネフィット，満足と定義される（AMA［1948］）が，広範で交差的な領域が想定されるため，多くの論議（たとえば，Gronroos［1990］のような例示の列挙・網羅性に関して）をよんできた。

　有形性・無形性の尺度による市場実態としては，下図表のように表せる。下欄の矢印は，塩（左方向）は有形性の優勢，教育（右方向）は無形性の優勢を表わしている。両方に関連しているのがファスト・フード店である。

　塩のような純粋な有形財（commodity）はほぼ姿を消し，サービスを付随しない場合は少ない（塩田で取れた塩がそのまま軒先に置いてあることはまずない；地中海の岩塩や製法にこだわったブランド塩が小売店に品揃えされている）。サービスを伴ったプロダクトの代表は自動車である。保障，アフターサービスなしでは

図表 17-1　プロダクトの有形性と無形性

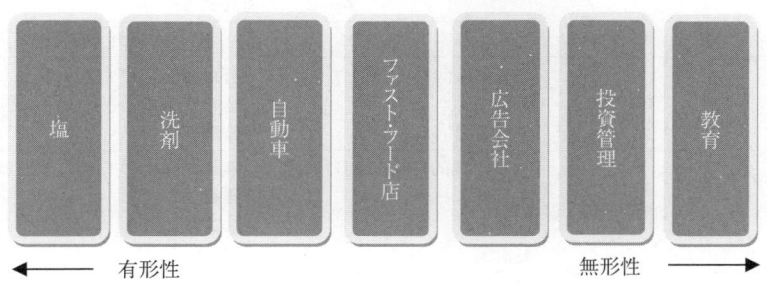

| 塩 | 洗剤 | 自動車 | ファスト・フード店 | 広告会社 | 投資管理 | 教育 |

←──── 有形性　　　　　　　　　　　　無形性 ────→

出所：Shostack［1977］p.77.（一部，例示省略）

成り立ちえない製品である（今日では，自分で修理点検することは極めて難しい）。広告会社では提供されるサービスは設備的な支援なしでは成り立たないが，ウエイトは無形性にある。教育は教材が有形であるが，教材を通して得られるものが重要である。一定の到達水準が確保されるのであれば，教材や教育方法に制約はないという考え方もある。

　ファスト・フード店は利用者によって機能的側面が分かれる。迅速な食物提供の店舗か居場所確保の一手段であり，提供される食物には興味を示さない場合もある。

　サービスを提供方法からみると，人的ベース（専門家，熟練労働者，非熟練労働者の提供するサービス）中心のものと，設備ベース中心のもの（自動販売機など）に2分される（Thomas［1978］）。しかし，両者の合体したものは少なくない。そのため，サービスの受け手と行為の本質性から，図表17-2のように，表すことができよう。

　庭の手入れは，庭の樹木を剪定，管理することであるが，心理的側面に全く関わっていないともいえない。京都の竜安寺の石庭であれ自宅の庭であれ，安らぎ，癒し，伝統的文化性とともにその手入れの成果を受け入れる。理髪に関しても，クラッシック音楽を流し，しゃれた会話を楽しむことも付随している。

　上記では明確に区分しているが，有形行為は無形行為の支援をうけ付随して

図表17-2　サービスの分類

		サービスの直接的受け手	
		人	人以外（物財）
サービス行為の本質	有形行為	人の体に向けられるサービス 理髪 交通機関	有形財に向けられるサービス 庭の手入れ 修理サービス
	無形行為	人の心理的側面に向けられるサービス 教育 美術館	無形財に向けられるサービス 銀行 法律相談

出所：Lovelock［1983］p.51.（一部追記）

いるといって差し支えない。顧客，従業員，物的設備，有形財，サービスの供給業者の相互作用（interaction）の成果である（Gronroos［1990］）。

2．サービス・マーケティングの戦略

上記の特徴を考慮に入れると，プロダクトとしてのサービスの特性，起因する問題，対応戦略は次のようにまとめられる。

図表17-3　サービス特性とマーケティング対応

	マーケティング上の問題	対応マーケティング戦略
無形性（intangibility）	貯蔵不可能，保護困難，表示不可能，コミュニケーションが困難，価格設定が困難	有形な手掛かりを強調，人的な対応，クチコミの利用，組織イメージを醸成，コスト管理で価格設定，購買後のコミュニケーション支援
不可分性（inseparability）	消費者が生産に関与；集中的な大量生産が困難	コンタクト・パーソンの教育，消費者の管理，多くの出店
異質性（heterogeneity）	標準化と品質管理が困難	サービスの工業化と特注化
消滅性（perishability）	在庫不可能	変動需要に対応，需給調整

出所：Zeithamal et al.［1985］p.35.

ここでの特徴は，サービス・マーケティングの枠組みから，26人の著者による46の文献（1963年から1983年までの21年間）を整理して得られたもので，有形財とは正反対の特性に基づくサービス・マーケティングの対応が導かれている（Zeithamal et al.［1985］）。

サービスにおける有形な手掛かりとは，サービスのブランドであり，ブランド・アイデンティティのもとに，クオリティやイメージにたいする一定の評価を形成するものである。

コンタクト・パーソン（contact person = CP）とは，接客を担当する要員を表し，その選抜と教育は企業にとって大きな課題となっている。CPは労働集約的な側面のほかに，企業（ブランド）を代表する側面ももち，イメージの形

成や販売に大きな影響力をもつ。

　サービスの工業化は，標準的なクオリティの確保や公平性の担保の観点から論議される。サービスの生産の視点からは，効率性が求められ，マニュアル管理の徹底が図られているところである。

　異質性は変動性（variability）としても対応が企図される。顧客モニターによるサービス・クオリティの管理も進んでいる。

　スーパーマーケットはサービスの工業化であるとして，ハード・テクノロジー，ソフト・テクノロジー，ハイブリッド・テクノロジーの方法があることが指摘されている（Levitt [1976]）。これらが検討されて，サービスの効率性，秩序，スピードに貢献することになる。

　こうした特性のなかで，顧客の生産への参加に着目して，差異化を図っている企業もある。腕時計や職人にみられるように，インターネット上で自己の条件を提示して，製品をカスタマイズすることをはじめとして，顧客仕様のサービスが生み出されている。

　顧客志向のカスタマイズを，収益性を考慮しないで展開しても，サービスの提供の継続性が乏しくなる。

　顧客が重視している程度と企業の業績を掛け合わせて，重視度が大きく好業績なら現状維持であるが，その逆である場合は，新たな選択肢の検討が必要になる。重視度が大きいものの業績が上がっていない場合は，当然に，マーケティング努力を傾注しなければならないが，業績は良いものの重視度が低い場合も新たな選択肢が必要になる（Martilla and James [1977]）。

3．サービス・クオリティ

　サービスはそれを受けたあとでも，適正に評価できない場合がある。評価が困難なケースとして，医療サービス，自動車・家電製品の修理などがあり，これらは信頼クオリティの問題となる。評価が一部はできるものとしては，保育，理・美容，旅行，レストラン等があり，これらは経験クオリティの問題となる

(Zeithamal and Bitner［1996］)。

　高いクオリティのサービスを提供することで，企業は好業績につながる。その理由としては，高い顧客満足でロイヤルティが高まり，クチコミ効果も期待でき，反面，苦情処理のコストを削減できることがあげられる（Kotler［1988］)。苦情処理は製品改良や製品開発のベースにもなる可能性があり，軽視できる側面ではないが，顧客に対して対応が難しい部門でもある。

　サービス・クオリティを規定するに当たって，知覚品質（perceived quality＝PQ）と期待品質（expected quality＝EQ）に関して次のような一致・不一致が生じていることを想定する。

　　EQ ＞ PQ　　……否定的不一致
　　EQ ＝ PQ　　……期待品質と知覚品質の一致
　　EQ ＜ EQ　　……肯定的不一致（Parasuraman et al.［1985］) [1)]

　サービス・クオリティを測定する手法として，SERVEQUALがある。そこでは，知覚されるサービスのクオリティの基礎となる，期待されるサービスと知覚されるサービスに影響を与える要因は次のようなものである。

　アクセス容易性，コミュニケーション，能力，丁寧さ，信用性，信頼性，反応のはやさ，安全性，可視性，顧客の理解等である（Parasuraman et al.［1985］)。可視性は「見える化」という言葉で新たな管理手法のように取り上げられている。

　消費者の期待とマネジメントの知覚，マネジメントの知覚とサービスのクオリティの仕様，サービスのクオリティの仕様とサービスの提供，サービスの提供と外部コミュニケーション，知覚されたサービスと期待されたサービスの5つのギャップが生じる（Parasuraman et al.［1988］)。こうしたギャップを克服しなくては，クオリティは上昇しない。

　サービス・クオリティの評価を左右するのは，後のサービスの需要者に対する調査で，信頼性（性格，確実に遂行する能力)，有形性（形態，外観による判断)，反応性（対応の早さ)，保証性（信頼感を醸成するCPの知識，態度，能力)，共感性（顧客への配慮）であることも指摘されている（Parasuraman et al.［1988］)。

　今日では多くの企業がこうした次元からサービス・クオリティをあげるべく取り組んでいるが，中核となるサービスの集約的分析を行い，何を提供するかだけでなくどのように提供するかが，差異化の観点から検討されている。

　サービス・クオリティを上げるために，ディズニーは5P (4P に people を加えたもの) のマーケティング・ミックスを重要視している ('Mickey Mouse Marketing'の展開：Kotler［1988］)。

　しかし，7P (Physical evidence：設備などの物的環境と Process：顧客の関与も含めた過程を加えたもの) もサービス・クオリティの向上を目指すマーケティング・ミックスの構成要素として掲げられている (Zeithamal and Bitner［1996］)。

注

1) 技術上の品質 (「何を」) と機能上の品質 (「どのように」) から得られるイメージが昇華したものが，経験 (され) 品質である。経験 (した) 品質と期待される品質が合体して総合的な知覚品質が形成されるとする見方 (Gronroos［1990］) もある。

参考文献

AMA［1948］'Definitions of Marketing Terms,' in McNair, Malcom P. and Harry L. Hansen［1956］*Readings in Marketing*, McGraw-Hill, pp.55-78.

Gronroos, Christian［1990］*Service Management and Marketing*, Lexington Books.

Kotler, Philip［1988］*Marketing Management*, Prentice-Hall.

Levitt, Theodore［1976］"The Industrialization of Service," *Harvard Business Review*, September-October, pp.63-74.

Lovelock, Christopher H.［1983］"Classifying Services to Gain Strategic Marketing Insight," *Journal of Marketing*, Summer, pp.9-20.

Martilla, John A. and John C. James［1977］"Importance-Performance Analysis," *Journal of Marketing*, January, pp.77-79.

Parasuraman, A. et al.［1985］"A Conceptual Model of Service Quality and Its Implications for Future Research," *Journal of Marketing*, Fall, pp.41-50.

――［1988］"SERVUQUAL: A multiple-item scale for measuring customer perceptions of service quality," *Journal of Retailing*, pp.12-40.

Shostack, G. Lynn［1977］"Breaking Free from Product Marketing," *Journal of*

Marketing, April, pp.73-80.

Thomas, Dan R. E. [1978] "Strategy is Different in Service Business," *Harvard Business Review*, July-August, pp.158-165.

Zeithamal, Valarie et al. [1985] "Problems and Strategies in Service Marketing," *Journal of Marketing*, Spring, pp.33-46.

――[1988] "Communication and Control Process in the Delivery of Service Quality," *Journal of Marketing*, April, pp.30-40.

――and Mary Jo Bitner [1996] *Service Marketing*, McGraw-Hill.

第18章 テーマ・コミュニケーション

1. テーマの訴求と経験管理

　テーマ・パークにおけるテーマは曖昧であるが、テーマをもった遊園地を指し、エンタテインメントの内容や建物の様式、サービスに至るまで、要素間でバランス、調和のとれた世界である（粟田［2001］；粟田・髙成田［1987］）。

　1983年には東京ディズニーランド（TDL）のほかに、長崎オランダ村がオープンし、80年代後半から90年代前半にかけて41のテーマ・パークが開設され（通商産業省『1997年特定サービス産業実態調査』）、バブル経済期、総合保養地域整備法（1987年施行、通称「リゾート法」）ともあいまって、開設のピークを迎えている。

　しかし、それらの多くが経営不振となり、年間売上高で100億円（2000年）を超えていたシーガイア（フェニックスリゾート）は、2001年に会社更生法の適用を申請して、倒産している。その他に、向ヶ丘遊園、二子多摩川園が廃止され、レオマワールドが休園し、チボリ公園が閉鎖されている。エキスポランドは、コースター事故により2007年に閉園となっている。

　閉鎖にまつわる敗因は結果論としてはいくつか列挙できようが（利用者のニーズと合致しない、利用者がリピータになるための工夫が少ないなどのホスピタリティの欠如、事故後の悪印象等）、利用者（ゲスト）のパーク内外での「経験管理」という視点に重きが置かれてこなかった点もあげられよう。それでは、経験管理はどのように表現、集約できるであろうか。

　往年の名選手と野球が楽しめるキャンプのプラン、シカゴ交響楽団の指揮ができるプランなど、特別な経験がプロダクトとして販売されている（Pine Ⅱ and Gilmore［1998］）。

　スターバックス（starbucks）のコーヒー・エクスペリエンスはよく知られているが，経験価値が既存の価値に組み込まれることが重要であると認識された好例である。バリスタによるフレンドリーなコーヒーの提供，コーヒーのテイスト，店内の音楽や照明，カラーリング，ファーニチャーなど，主役のコーヒーを取り巻くいくつもの要素がファッショナブルとイメージされるように計画・アレンジされ，顧客もそれを享受している。

　ディズニーランドでの家族の経験は，その後も継続して共有される価値である（Pine Ⅱ and Gilmore［1999］）。写真だけでなく（写真をとれるよう，ショーの合間にいろいろなキャラクターが登場し，写真撮影待ちの行列ができることもしばしば），建物のイメージやライトアップ，ノベルティなど（キャラクター以外に，花や水の流れなどの自然も季節に応じて楽しめる）が家族の語らいで思い起こされる。自分たちだけが知っている（と思わせる）快適利用術や謎めいた情報（Club 33 の数字の付いた扉，子供向けの隠れミッキーなど）も会話を盛り上げる。ディズニーリゾート（TDR）のホームページは，家族連れが主役になっている（年配者や若いカップル向けのイメージ訴求も付随している）。

　経験管理とは，経験を提供する側が，経験を享受する人たちに，プラスの側面が記憶に残るよう，あるいはマイナスの側面があっても差し引きでプラスの側面だけが残るよう，調整することである。

　アトラクションに長時間待たされているあいだに，家族や仲間で楽しく会話できるよう，あるいはこれから経験するアトラクションをイメージできるような演出を図り，わずかな時間のアトラクションを経験した後，関連グッズの売り場が出口付近にあって，もう一度，アトラクションを想起，楽しめるようになっている。入口と出口は離れていて，並んでいるゲストはアトラクションを経験したゲストは見えない構造になっている。

　さらに，物語性が固定的に集約されるものではなく，アトラクションの入れ替えや新規投入などを通じて，パーク自体が少しずつ進化を遂げ，それらの内容がゲストに情報発信されている（東京図鑑編［2007］，ディズニーファン編集部

編[2008])。新たな魅力が季節性の加味ともあいまって，新たな経験を生み出す仕組みとなっている。

２．TDR（東京ディズニーリゾート）◇◇◇◇◇◇◇◇◇◇◇◇◇◇◇◇◇◇◇◇

　1974年12月にウォルト・ディズニー・プロダクションズ（現ウォルト・ディズニー・カンパニー）と業務提携について基本合意を得て，1977年3月に名称（東京ディズニーランド）決定，1981年4月から建築工事開始。1983年3月に蒸気船マークトウェイン号からミシシッピ川の本物の水を「アメリカ川」に注ぎ，4月15日にグランドオープンし，小雨にもかかわらず，26,000人ものゲストがパークを訪れた（ディズニーファン編集部編[2008]）。

　1983年5月23日には100万人目のゲストが来園し，1984年4月2日には1000万人目のゲストが来園。1988年12月1日には京葉線舞浜駅が開業，1998年10月22日には東京ディズニーシーの着工式典がある。

　2000年に東京ディズニーリゾート宣言がなされ，イクスピアリがオープンしている。2001年7月27日にディズニーリゾートラインが開業し，同年9月4日に東京ディズニーシーがグランドオープン，同日，東京ディズニーシー・ホテルミラコスタがオープンした後，2008年に東京ディズニーランドホテルがオープンしている。

　他方，ユニバーサル・スタジオ・ジャパン（Universal Studio Japan＝USJ）は，2001年3月にオープンし，1年目で1000万人を突破している。映画やハローキティ，セサミストリート，スヌーピーなどのパフォーマンスを楽しむテーマ・パークで，料金設定や個性的な建物に囲まれたアトラクションやショップ（やグッズ，スーベニアメダリオンを代表に）など，TDRとよく似ている。USJでも，2009年3月には，マジカル・スターライト・パレードがスタートし，900m超の距離を約1時間かけてフロートが移動する。

　USJは，メインゲートの外にグローブ（地球儀）があり，パーク内から外部の高速道路（阪神高速湾岸線）や京阪，近鉄のオフィシャル・ホテル群などが

見える点が相違といえる（もっとも，TDS（東京ディズニーシー）からも外部の海は見え，TDL（東京ディズニーランド）のアトラクションの頂上からは周囲のオフィシャル・ホテル，マンションやビルが見える；TDS のタワーオブテラーの追加設置は後方のガスタンク消しに利用されたと思うゲストは多い）。もっとも，ジェットコースター（ハリウッド・ドリーム・ザ・ライド）がパーク内の身近な場所で運行され，映画のキャラクターのストーリーを堪能し，火薬類を多用した迫力ある演出（バックドラフト等）は，TDR とは趣を異にするものである。

　TDR のゲストを虜にする秘訣は（バックステージを見せないこともあげられる（粟屋・高成田［1987］；ネット上でも多くの情報がある），マーケティング戦略的には，競合他社が容易にアトラクションやフレンドリーな対応（ホスピタリティの創出）を模倣できるか否かの点にある（あった）。ディズニーマジックという言葉でオファリング（立地環境，建物の雰囲気まで含めて提供されているすべて）はひとくくりにできるかもしれないが，細部まで考え抜かれたシステムをゲストが感じ取ることができ，隠れミッキーや季節ごとのイベントの紹介等の巧みな話題性の提供とともに，次々に生み出され拡幅する神話を形成している。

　テーマ・パーク内では技術と娯楽の共存の場との認識のもと，音響効果，音楽の視覚化に取り組んでいる。オーディオ・アニマトロニクスはその極めて優れた成果である（Telotte［2008］）。イッツアスモールワールドでは，音楽に途切れがないが，関連装置は見せていない。ボートの下のガイドレールが見えるだけである。時々それが摩擦して発せられる，不自然な窮屈な音，ぎこちなくも滑らかな人形の動きなどがあいまって，ハイパーリアルの世界に完全には浸っていないことを心地よさに変えるのは，ゲストの逸脱した行為がないからでも動物が歌うアニミズムに対する不思議さがないからでもない。聴覚，視覚，あるいは嗅覚，触覚（たとえば，シーのシンドバットの冒険のバナナの香りや霧雨・レインミスト等）の一体化が企図されているからである。

　また，トイレのサイン，アトラクションのレイアウトまで，ゲストが一定の

コメントをホームページに容易に投稿することができ，それが共感できる仕組みとなっている。たとえば，アメリカン・ウォーターフロントのディズニーシー・エレクトリックレールウェイ駅のトイレは，アメリカ式で個室ドアの下が空いており，ビッグサンダー・マウンテンのトイレでは金鉱探しに使うプレートが登場する。男女別のマークも，ディズニーシーでは，テーマ別の言語表示になっている（men・women，prince・princess，GENTLEMEN・LADIES もあれば Hombres・Mujures，SIGNORI，Belle Donne 等もある）。

トム・ソーヤ島には橋はなく，筏で行くしかない。インディ・ジョーンズ・アドベンチャー・クリスタルスカルの魔宮では，生い茂った木々の間を鳥の声が響き渡り，不気味な宮殿の暗く狭い石組みの通路を通ることになる。アトラクション・ライドだけが目的ではなく，途中のプロセス，チャネル（待ち時間，アトラクションまでのアプローチ）も重要というところである（もっとも，スプラッシュマウンテン等一部を除くと，ライドは 2 〜 3 分のものが多いことも関係している）。

3．混雑管理とインヴォルブメント ◇◆◇◆◇◆◇◆◇◆◇◆◇◆◇◆◇◆◇◆◇◆◇◆◆

混雑，行列が当然の光景である TDL，TDS にあって，混雑予想は，楽しい情報の一つである。混雑のファクタが人数表示となって，天候，曜日などが加味されて，掲載されている。USJ も同様である。

行列時には，多様なテイストのポップコーンやターキィなどの軽食を食べるゲストもいるが，一定の場所（屋根があるところなど）から先は，飲食は禁止され，雨天時に園内で販売されている着用中のレインコートの類すら脱がなくてはいけない。

スペースマウンテンやスプラッシュマウンテン，センターオブジアースであれ，すべてのアトラクションでゴールに到着すると，ゲストはキャストの指示に従って速やかに退場，次のゲストに交代する。行列待ちのゲストもそうした鮮やかな光景を見ている。ゲストの協力すなわち，パーク内の（主催者側の）

意図に対する一体化した，好意的で協力的なインヴォルブメント（involvement：参画）なしには，アトラクションの円滑な運営はありえない（TDRのホームページでは，「ご来園の皆様へご協力のお願い」，「東京ディズニーランド／東京ディズニーシーからのお願い」を掲出している）。

　混雑がなければ寂しく，混雑があれば，自己の選択の正当性が図らずも証明されたことになるかもしれないが，待ち時間の仲間とのコミュニケーションも外界と隔離された貴重な時間であり，スーパーマーケットのレジでの精算待ちの時間とは意味が異なる。待っていることは自己とパークの心理的距離を縮めることにつながり，ファストパスが発行され，待ち時間をあらかじめ把握することで，時間配分という管理事項は譲歩していないことになる。

　USJでは，ユニバーサル・エクスプレス・パス・ブックレット（有料）が発行され，それをクルーに渡すことで時間管理ができる形態となっている。ゲストの好意的，協力的なインヴォルブメントもTDL，TDSと同様である。

　一方，パーク側もイベントを時間差で開催し，キャラクターを適宜各所に登場させて，行列に参加しないでも，どこにいても満足感が低下しないような季節性を加味したプログラムになっている。

4．和菓子のコミュニケーション

　和菓子には，多様な種類があり，その一つひとつが個性をもち，季節行事，歴史的な行楽地などに絡んでファンを引き寄せている。

　和食，和服などのようにわが国固有の文化のなかで生み出されたものに，西洋との比較，識別（菓子では，卵や砂糖を使用したカステラ，金平糖などの南蛮菓子（江戸中期には都合十八種あったとされる（吉田［1998］））やケーキ，ビスケット，チョコレートなどの西洋菓子など）がなされている。

　平安時代は菓子とは木の実や果物を指していたが（虎屋文庫［2008］），鎌倉時代以降，茶の湯（茶道）（の抹茶と）とともに発展したお菓子という側面ももつが，日本菓子，邦菓などの呼び名をおさえて，和菓子の名前が定着するのは，

第二次世界大戦後のことである（青木［2000］，虎屋文庫［2007］）。江戸時代以前は単に菓子と呼ばれていたが，明治維新以降の欧米の新しい技術や文化の影響を受けたものである（青木［2000］）。

　伝統的な和菓子は，卵をのぞいて，小豆，葛，米粉などの植物性の原材料を使用し，低カロリーで繊維質に富む和菓子は健康的な食品を求める消費者に支持されている（虎屋文庫［2007］）。和菓子の材料としては，ほかに，水飴，三温糖，きな粉，寒天，新びき粉，上新粉，白玉粉などがある（主婦と生活社［1992］）。その後，チョコレートや生クリームを使用した和菓子も一般化している。

　和菓子は，生菓子（ねりきりなど），半生菓子（すはまなど），干菓子（落雁など），蒸し菓子（酒蒸しまんじゅうなど），焼き菓子（カステラなど），餅菓子（桜餅など），夏場の冷たい和菓子（白玉など），行事菓子（祝い菓子など），新作和菓子などに分けられる（主婦と生活社［1992］）。

　『豆腐百珍』(1782年)，『甘藷百珍』(1789年)，『蒟蒻百珍』(1846年) などのように，一つの素材で百種類の様々な料理を集めた書物が江戸時代に話題を集めたが（虎屋文庫［1993］），虎屋はそれに倣い，「和菓子百珍」展を催し，百珍物と菓子のかかわりを取りまとめている（虎屋文庫［2007］）。それによると，『豆腐百珍』『甘藷百珍』には小倉，カステラ，飛龍頭などが，『蒟蒻百珍』には飛龍頭の見出しがある（虎屋文庫［2007］）。

　和菓子は，四季のあいさつや柏餅，粽などの行事のお供や，大福や団子，煎餅のような日常のアクセントとして存在感を示している。外郎のように，名前の由来が，薬や官職であったものが，時代とともに入れ替わったものもある。茶道などとともに歴史に思いをはせることができる（鳥越［2007］）。また，あるときはカロリー控えめな健康的な商品として，またあるときは伝統的で物語性があり，季節性を味わう商品として，日々の生活に欠くべからざるコミュニケーションの話材となっている。

　一方，お菓子の「ういろう」は，外郎家二代目大年宗奇が外国使節の接待に供したもので室町時代より作り続けられている。薬の「ういろう」も外郎家の

一子相伝で現在に受け継がれている「透頂香」であり，享保年間，歌舞伎役者の二代目市川団十郎の持病の咳と痰を全快させたことで知られている。そうしたいきさつから歌舞伎十八番「外郎売」の台詞が生まれている。北条早雲の時代から，お菓子と薬の製法の伝統が同じ名前のもと，守り続けられている。

＊株式会社虎屋の中山圭子様に資料・書籍のご紹介をうけ，参照させていただきました。また株式会社ういろうの博物館（神奈川県小田原市本町；www.uirou.co.jp）におきまして，歴史，展示物の解説をいただきました。ここに記して，お礼申し上げます。

参考文献

Pine Ⅱ, Joseph B. and James Gilmore［1998］"Welcome to the Experience Economy," *Harvard Business Review*, July-August, PP.97-105.
――［1999］*Experience Economy*, Harvard Business School Press.（電通経験経済研究会訳［2001］『経験経済』流通科学大学出版；岡本慶一・小高尚子訳［2005］『[新訳] 経験経済』ダイヤモンド社）
Telotte, Jay P.［2008］*THE MOUSE MACHINE: DHISNEY AND TECHNOLOGY*, University of Illinois Press.（堀千恵子訳［2009］『ディズニーを支えた技術』日経BP社）
青木直己［2000］『図説　和菓子の今昔』淡交社
粟田房穂［2001］『ディズニーリゾートの経済学』東洋経済新報社
――・高成田亨［1987］『ディズニーランドの経済学』朝日新聞社
主婦と生活社［1992］『和菓子入門』主婦と生活社
ディズニーファン編集部編［2008］『東京ディズニーリゾートクロニクル25年史』講談社
東京図鑑編［2007］『東京ディズニーシー物語』講談社
虎屋文庫［1993］『「和菓子百珍」展』株式会社虎屋
――［2006］『「和菓子百珍」展その2』株式会社虎屋
――［2006］『和菓子で楽しむ道中日記展』株式会社虎屋
――［2007］『歴史上の人物と和菓子展』株式会社虎屋
――［2008］『源氏物語と和菓子展』株式会社虎屋
鳥越美希［2007］『暮らしの歳時記―お茶と和菓子の十二カ月』ピエ・ブックス
中山圭子［2001］『和菓子おもしろ百珍』淡交社
吉田菊次郎［1998］『万国お菓子物語』晶文社

第19章 環境コミュニケーション

1．循環型社会形成の推進

　環境基本法のもとに置かれる循環型社会形成推進基本法は，以下のような8つの法律を束ね，大量生産・大量流通・大量消費・大量廃棄の経済社会からの脱却を目指している。

図表19-1　環境関連法の体系

環境基本法 ― 循環型社会形成推進基本法
- 廃棄物処理法
- 資源有効利用促進法
- 容器包装リサイクル法
- 家電リサイクル法
- 建設リサイクル法
- 食品リサイクル法
- グリーン購入法
- 自動車リサイクル法

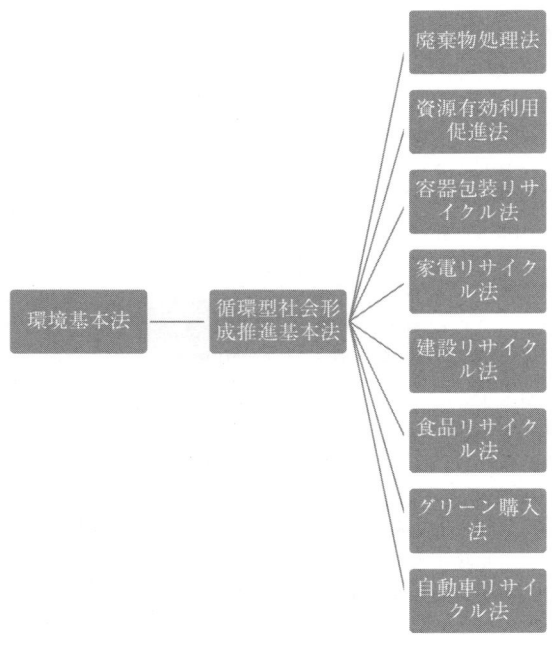

出所：環境省『環境白書』（各年版）より筆者作成

環境基本法は，公害対策基本法（1967年制定），自然環境法（1972年制定）による複雑・広域化した環境問題への対応の限界をうけて，環境保全の全般的，基本的施策を示すために1993年に制定されている。

循環型社会形成推進基本法は，大量生産・大量流通・大量消費・大量廃棄の経済社会を見直し，国，地方公共団体，事業者，国民の役割分担を明確にし，2000年に制定されている。廃棄物処理法（廃棄物の処理および清掃に関する法律：2000年施行）は，廃棄物の適正かつ安全な処理体制の整備，不法投棄の場合の原状回復，廃棄物の焼却禁止等，規制強化が図られている。

資源有効利用促進法（資源の有効な利用の促進に関する法律：2001年施行）は，3R（Reduce：発生抑制，Reuse：再利用，Recycle：循環化）対策として，製品設計・製造への工夫（10業種・69品目）も求めている。家庭系パソコンのPCリサイクルマークが付与されている。回収（引取），再商品化（再資源化）の義務は製造業者等が負っているが，事業撤退したメーカーや自主性作文に関しては，パソコン3R推進センターが対応する。

小型二次電池（密閉型蓄電池）は希少資源（ニッケルNi，カドミウムCd，コバルトCo等）を使用しているため，指定再資源化製品となっている。また，環境配慮設計措置として，特定製品（パソコン，エアコン，テレビ，冷蔵庫，洗濯機，レンジ，衣類乾燥機）を対象に，特定物質（鉛，水銀，カドミウム，六価クロム，ポリブロモビフェニル，ポリブロモジフェニルエーテル）を管理の対象とすることが義務付けられている。[1]

容器包装リサイクル法（容器包装に係る分別収集および再商品化の促進等に関する法律）は，分別排出は消費者，分別収集は市町村，再商品化は特定事業者であり，分別収集の対象となる容器包装は，ガラス製容器，ペットボトル，飲料用紙パックであったが，2000年にペットボトル以外のプラスチック製容器包装，飲料用紙パック以外の紙製容器包装にも対象拡大となっている。

家電リサイクル法（特定家庭用機器再商品化法）は，廃棄物の適正な処理，資源の有効な利用の確保を図り，生活環境の保全，国民経済の健全な発展に寄与することを目的としている（1998年12月施行，2001年4月本格施行）。エアコン，

冷蔵庫・冷凍庫(冷凍庫は2004年に対象品目に追加),テレビ(2009年に液晶式・プラズマ式テレビが対象品目に追加),洗濯機・衣類乾燥機(衣類乾燥機は2009年に対象品目に追加)がリサイクル対象品目であり,回収(引取)義務は小売業者(家電販売店),再商品化(再資源化)義務は製造業者等(輸入販売業者を含む)にある。[2) この点は家庭系パソコンと異なる。

建設リサイクル法(建設工事に係る資材の再資源化等に関する法律)は,建築物解体の際,分別リサイクルを義務付け,食品リサイクル法(食品循環資源の再生利用等の促進に関する法律)は,食品廃棄物の排出抑制と再資源化を目的とする。食品廃棄物が一定規模(年間100トン)以上の食品関連事業者には再生利用率の目標設定を義務付ける。自動車リサイクル法(使用済み自動車の再資源化等に関する法律:2005年施行)は廃車から出る有用資源をリサイクルし,車の所有者によるリサイクル料金の支払いを義務付けている。[3)

グリーン購入法(国等による環境物品等の調達の推進に関する法律:2001年施行)は,国や独立行政法人等の国の関連機関,自治体が環境への負荷が少ない製品を率先して購入し,購入実績を公表することを義務付け,特定調達品目(紙類,文具類,OA機器等の19分野)のリストを掲げている。また,事業者や国民にも,従来製品から環境配慮製品への切り替え促進の責務も規定している。

2. 環境コミュニケーションの態様

ISO14063は環境コミュニケーションを,「環境に関する課題,側面及びパフォーマンスについて理解の共有を促進するために,情報を提供及び入手し,並びに内部及び外部の利害関係者との対話にかかる,組織が実行するプロセス」(日本工業標準調査会『JIS 環境マネジメント―環境コミュニケーション―指針及びその事例 JIS Q 14063』)と規定する。

その手順は,環境コミュニケーション方針の策定,環境コミュニケーション戦略の樹立,環境コミュニケーション活動の計画・遂行・評価である。環境コミュニケーションが円滑に進められるための原則は,透明性(transparency),

適切性 (appropriateness), 信憑性 (credibility), 対応性 (responsiveness), 明瞭性 (clarity) である (吉澤 [2007])。

省エネ法 (エネルギーの使用の合理化に関する法律) は, 1979年に施行後, 一定の役割を果たしてきたが, 1998年に抜本的改正され, トップ・ランナー方式が導入された。これは, 省エネルギー基準を, エネルギー消費効率が既存の製品のなかで最も優れているものの性能以上にするものである。さらに, 指定される特定機器は1998年の11品目に, 2002年に7品目が加わり, 2005年には, 3品目が追加され合計21品目になっている。[4]

小売事業者が製品の省エネルギー情報を表示するための制度が設けられ (2006年経済産業省告示), 表示内容は省エネルギーラベリング制度, 多段階評価制度, 目安電気料金等であり (三者を組み合わせたものが統一省エネラベル), その対象は16品目となっている。

省エネマークは達成率100%以上にはグリーンが, そうでない場合はイエロー・レッドの色分けがある。エネルギー消費効率は, 年間消費電力量 (テレビ, 冷蔵庫, 電子レンジなど), エネルギー消費効率 (パソコン, ストーブ, 蛍光灯器具など) などで表わされる。多段階評価制度では, 5段階で星の数で表わされる。さらに, 2010年4月から, 改正省エネ法の施工により, 1年間のエネルギー使用量が1500kl以上 (2009年度) の事業者であれば, エネルギー使用状況届出書, 企業単位の定期報告書を提出しなくてはいけない。

製品に付された環境マークは, 環境情報を提示している。ISO規格 (一般原

図表19-2　環境ラベル

	特徴	代表例
タイプI (ISO14024)	第三者認証	エコマーク, ブルーエンジェル (独), ノルディックスワン (北欧諸国) など
タイプII (ISO14021)	事業者による自己宣言	エコシンボル (日本電気), グリーンシール (シャープ) など
タイプIII (ISO14025)	定量データの表示	エコリーフ (日), EPD (スウェーデン) など

出所:『環境表示ガイドライン』(環境省) より筆者抜粋作成

則 ISO14020) による環境ラベル (Environmental Label) は 3 タイプある。

タイプⅠのエコマーク (日本環境協会) は 1989 年から付与され (43 類型約 4600 品目：2009 年末), (西) ドイツのブルーエンジェルは 1978 年から実施されている。タイプⅡの環境ラベルは第三者認証ではないことの明示, 主張の根拠の開示, 検証への応答が求められる。タイプⅢでは, 合否等の表示はなく, 定量データの判断は購買者に委ねられている。エコリーフ (産業環境管理協会) には, 製品環境情報 (PEAD), 製品環境情報開示シート (PEIDS), 製品データシート (PDS) の 3 様式がある。

このほかに, プラスチック材質表示識別マークがあり, 資源有効利用促進法に基づき, 1993 年 6 月より, PET ボトル (指定表示製品) に表示が義務付けられている。[5]

3．環境配慮情報の提供

経済産業省は啓蒙パンフレット「3R 政策」のほかに, ホームページ (http://www.meti.go.jp/policy/recycle/index.html) でも環境配慮情報を提供している。[6]

財団法人家電製品協会は,「環境配慮製品の更なる普及に向けて」([2009]) で, 製品のライフサイクル全般の環境負荷低減を目的に製品の企画・開発・設計を行う環境配慮設計の推進を基軸に置き, 資源の有効利用, 省エネルギーへの取り組み, 製品に含まれる化学物質の管理について, 詳細なデータをもとに, 情報発信をしている。

社名, ブランド名をパナソニックに 2008 年に変更したパナソニックは idea for life をスローガンとして掲げ,『'eco ideas' Report 2009』で, パナソニックグループのエコアイデアを紹介している。他社の環境報告書, サステナビリティ・レポート, 社会的責任報告書 (CSR レポート) に該当するもので, 商品のエコアイデア, モノづくりのエコアイデア, ひろげるエコアイデア, その後, 環境マネジメントの概要を述べている。

環境省「環境報告書ガイドライン　2007 年版」, GRI「サステナビリティ・

リポーティング・ガイドライン2006」の指針があり，'eco ideas' Report 2009 もこれらを参照したと記してある。環境性能を向上させた製品・サービスを，グリーンプロダクツ（GP）として，GPの上に，業界トップクラスの環境性能をもつダントツGP，スーパーGPがあり，投入量と排出量の最小化に取り組むクリーンファクトリー（CF）にもダントツCFが認定されている。

環境コミュニケーションというカテゴリーのページはないが，エコ活動で一つになろうというコンセプトのパナソニックエコリレーの広がりを報告している。

ヤシノミ洗剤シリーズで知られるサラヤ株式会社は，『環境レポート Sustainability Report 2009』を発行し，環境経営，環境マネジメントシステム，グリーン調達，自然派のものづくり，環境コミュニケーションなどを報告している。

環境コミュニケーションの個所では，原材料のアブラヤシの供給地の環境保全に取り組んでいることに触れながら，環境広告と環境教育（展示会，シンポジウム，研修など）について解説している。「ヤシノミ洗剤の売上の1％がボルネオ保全トラストに使われます。」という環境広告のフレーズが紹介されている。

4．コーズ・リレーテッド・マーケティング

コーズ・リレーテッド・マーケティング（cause related marketing：CRMとも略記される；[7]）は，コーズ，すなわち，社会的大義，意義に重点を置くもので，自由の女神の再建のための寄付集め（カード加入で1ドル，カード利用1回ごとに1セント）がその始まりとされる（Kotler [2000]）。

わが国では，コーズ・リレーテッド・マーケティングの事例として，イオングループの毎月11日の「幸せの黄色いレシート」キャンペーン（共感したNPOの箱にレシートを入れると，レシートの合計の1％が助成される），ネピア（王子製紙）「千のトイレプロジェクト」（アジアで一番若い国東ティモールを，

国際衛生年2008年にトイレ施設建設をユニセフを通じて支援），ヴォルヴィック（volvic）の「1ℓ for 10ℓ」プログラム（ヴォルヴィックの売り上げの一部をユニセフに寄付，ユニセフがアフリカに井戸を新設・管理するもので，売上1ℓ分につき10ℓの清潔で安全な水が誕生する仕組み）などがある。[8]

エビアン（evian）は，「参加しよう，水辺の自然を守る活動に。」をキャッチフレーズにして，ラムサール条約（湿地の保全と賢明な利用を目的とした国際条約）をサポートする世界で唯一の製品（「水の学校」，学習・体験プログラム展開中：www.evian.co.jp）と，ミネラル・ウォーターのペットボトルのラベルに表示している。

社会的貢献の様々な活動のうち，販売や販売後の利益などに関連して，社会貢献団体などに寄付するシステムで展開されるものが，コーズ・リレーテッド・マーケティングともいえる。ボルヴィックのキャンペーンで売り上げ増が記録され，いくつかの企業の取り組みが始まった（『日経MJ』2009年8月5日）。

しかし，ブランド価値（イメージ）の向上だけでなく，販売・利益の拡大や顧客層の拡大につなげることが第一義になると，単なるプロモーションの一領域ということになる。

注

1）欧州のRoHS（Restriction of the use of certain Hazardous Substances in electrical and electronic equipment：電機電子機器に含まれる特定有害物質の使用制限に関する指令）指令（directive）に対応して，「電気・電子機器の特定の化学物質の含有表示法」（JIS C 0950）が制定され，J-Mossとよばれている。関連して登場するWEEE（Waste Electrical and Electronic Equipment）は廃電機電子機器指令である。指令は達成されるべき成果が求められるが，形式はEU加盟国の国内法に委ねられるものである。規則（regulation）は，EU加盟国が法律制定を行うことなく，直接に適応され，国内法と同じ拘束力をもつ。REACH（Registration, Evaluation and Authorization of Chemicals），EMAS（Eco-Management and Audit Scheme）（2007）は規則である。IPP（Integrated Product Policy：包括的製品政策）はEU委員会から2003年に発表された政策で，製品ライフサイクルのすべての段階で，製品がもたらす環境負荷を最小にすることを目指すもので，天然資源の持続的利用と廃棄物の持続的管理の概念を具体化す

るものである．IPP のグローバル化，拡大を受けて EuP 指令（Proposal for a DIRECTIVE OF THE EUROPEAN PARLIAMENT AND OF THE COUNSIL on establishing a framework for the setting of Ecodesign requirements for Energy Using Products：「エネルギー使用製品に対するエコデザイン要求事項の設定のための枠組みを設けることに関する欧州議会及び理事会指令案」）が2005年に発効されている．（市川芳明編［2006］）．

2）財団法人家電製品協会のまとめによると，平成20年度の再商品化率は，エアコン89％，テレビ89％，冷蔵庫・冷凍庫74％，洗濯機84％である（経済産業省 http://meti.go.jp/policy/kaden.recycle/ekadeooj.html）．

3）リサイクル料金の一例は以下のようになっている．

対象品目	リサイクル料金
エアコン	2625円
テレビ	2835円（16 型以上）1785円（15 型以下）
冷蔵庫・冷凍庫	4830円（171L 以上）3780円（170L 以下）
洗濯機	2520円

4）社団法人日本冷凍空調工業会によれば，冷暖房兼用・壁掛け型・冷房能力2.8kW クラス・省エネ代表機種では，2008年の製品（858kWh）は1995年の製品（1492kWh）に比べ約40％の省エネとなっている．

5）SPI（The Society of the Plastic Industry）コードの材質番号は次のようになっている．

No.	略　称	材　質	製品例
1	PET	ポリエチレンテレフタレート	ペットボトル
2	HDPE	高密度ポリエチレン	買い物袋
3	PVC	ポリ塩化ビニル	ラップ，卵カップ
4	LDPE	低密度ポリエチレン	ビニール傘等
5	PP	ポリプロピレン	家電製品の外装部分など
6	PS	ポリスチレン	発泡スチロール
7	OTHERS	その他のプラスチック	

他方，アメリカの分類基準のため，わが国の回収の実情に合致していないなどの指摘もある．

6）3R を補完する Repair（修理），Reconvert（回収），Refuse（拒絶）などの R で始まる活動，行為にも目を向けなければならない．

7）カスタマー・リレーションシップ・マネジメント，カスタマー・リレーションシップ・マーケティングも CRM と略記されるが，本書ではこの略記を使用していない．

8）2007年には，7億1,224万ℓの支援がマリ共和国になされている。

最近の CRM の事例は，次頁の表のように多岐にわたっている。

企業名	プロジェクトの内容
王子ネピア	東ティモールのトイレ整備を支援。「千のトイレプロジェクト」2008年7〜10月，2009年9〜12月。
森永製菓	「1チョコ for 1スマイル」。チョコレート1個につき1円を国際NGOプラン・ジャパンに寄付。2008年約1477万円，2009年約1200万円。「あなたの1枚が　子どもたちの笑顔に」http://1choco-1smile.jp
森永乳業	アイスクリーム「WOW」の売り上げの一部を世界自然保護基金へ寄付。
ライオン	洗濯用洗剤「トップ」の売上金の一部（約1200万円）を日本河川協会へ寄付。
アサヒビール	缶ビール「スーパードライ」1本につき1円を47都道府県の地域貢献活動に寄付。2009年春は目標の1億5千万円を上回る2億2千万円を寄付。
ダノンウォーターズオブジャパン	「ボルヴィック」の売り上げの一部をユニセフに効寄付。三菱電機（洗濯乾燥機），クロスカンパニー（Tシャツ），「ボルヴィック」との協賛企画を実施。

出所：日経 MJ 2009年8月5日より抜粋。一部加筆。

参考文献

Kotler, Philip［2000］*Marketing Management*, Prentice-Hall.
市川芳明編［2006］『EuP 指令入門』社団法人産業環境管理協会
岩本俊彦［2004］『環境マーケティング概論』創成社
吉澤正編［2007］『環境コミュニケーション』日本規格協会

第20章 都市空間のコミュニケーション

1. 都市の集客装置

　都市は，立法・司法・行政の機能が集中し，学習教育施設，健康管理施設，文化施設，大使館が立地し，株式，手形，先物等の取引きがおこなわれ，就業の機会の多く発生し，大型商業施設も，顧客吸引力につながる鉄道の駅周辺に位置する（Pacione [2009]）。

　特定の都市への過度な集中は，過密状態に起因する交通渋滞や地価の高騰，ユーティリティ（電気ガス水道などのインフラや居住施設や公園など）不足を招き，郊外の住宅地からの通勤ラッシュ，大量の廃棄物や社会病理の発生およびその処理などの問題が生起する。一定規模に都市の成長を抑える成長管理（growth management）も論議されている（Gillham [2002], Ross and Leigh [2000]）。

　都市は，雇用機会を増大させ，都市でなければ成り立たない（利用可能性が低い）ビジネスや文化施設を存続させるだけでなく，ビジネス・チャンスが未確定のチャレンジングな事業も少なくなく，時代の文化性，息遣いも表現している。

　歴史的な発展経緯を振り返ると，政治都市，商業都市，交通都市，宗教都市のほかに，新たに計画的に作られた都市がある。自然発生的な都市や城下町から発展した都市でその痕跡が残っているところは，歴史性はうかがえるが，機能性から新たな都市計画の策定に影響を与えている（Rasmussen [1951]）。

　都市の様相は構造的にも複雑で，人の流れも構造に応じて大動脈型，毛細血管型，循環器型があり（博報堂生活総合研究所 [1985]），建物のスクラップ・アンド・ビルドも活発であり，新奇性，先端性が際立つことが多いが，現在の集

客力のある場所が安定的であるとする保証はない。[1)]

そこで，都市の多様な魅力を独自の視点から楽しむ（赤瀬川他編［1986］），分析的にビジネスやトレンディな生活に生かす（博報堂生活総合研究所［1985］）などの動きも見られる。都市のタウントレンドの観察，発見方法には，散歩による探索型の明智型，時系列的定点型の彦星型，各地の空間的な比較型のガリバー型などがあり，マーケティング戦略は「街」から生まれると評される（博報堂生活総合研究所［1985］）。「東京のショップを見ると，マーケティングが分かる。」というファッション情報雑誌の特集も組まれたことがある（マガジンハウス［1991］『BRUTUS』No.245.3/15.）。

商業集積は，一定のコンセプトの下，ターゲットを明確にした計画的なものと自然発生的なものがある。大型小売店舗と周囲の商店街や小型店舗との共存は，大型店舗を規制する形で模索されてきた。価格訴求力やワンストップ・ショッピング性，文化性や情報発信性などに勝る計画的大型小売店舗は一定数の小型小売店舗を駆逐したが，大型化で商圏が重なるようになった大型商業集積同士の競合の問題は解消されていない。[2)]

建物の配置は，地形的な制約も大きいが，機能（行政，文化，情報，商業，観光，スポーツ，研究，工業，交通，教育，防災等）を体現するか，特定の世代を意識したものか，あるいは特定の都市の模倣によって成り立つことが多い。しかし，今日では，防衛的な側面よりも，商業主義的な傾斜に注目が集まっていることは否めない。

建物のイメージは，その形状，色彩，シンボルやストーリーの付与などの象徴化行為などによって決まる。窓からも空間と意匠の魅力を探ることができ，規則性，軽快なリズム感，安定感等を生み出している（酒井［2006］）。

信用を重んじる金融機関の中核店（1936年築，三井住友銀行大阪中央店），企業グループの本部（1924年築，三井本館），各種団体（1920年築，日本工業倶楽部会館），公共建築物（1904年築，大阪府立中之島図書館）は，大きな柱で安定感のある重厚な造りに徹している。新宿副都心にある生命保険会社のビルは，同様に安定感のある末広がりのシェイプを描きだしている。レンガ造り（1920年築，

JR東京駅；1916年築，東京銀行協会）も同様の効果を企図している。

　都市における色彩は，差異性，識別性，機能・役割表示性を示している。姿を消しつつある看板建築（billboard architecture）の色彩，特有の外観は，近代化の進む都市なかにあって，ノスタルジックなアクセントになっている（藤森，増田［1999］）。

　ゴシック様式は垂直線，ルネサンスは釣鐘型，ロココ様式は植物曲線，19世紀末はアール・ヌーボー，20世紀初頭はアール・デコ，1930年代は流線型のように，曖昧な部分はあるものの，時代が共有する美意識を明確に示こともできる（三井［2003］）。

　近代化が都市景観を崩壊させた（田村［1997］）と見立てることもできるが，無個性な都市が増えていることに異論は少ないであろう。都市は，アーバンデザインとして，トータルに，「モノ」ト「モノ」のデザイン（空間・場のデザイン），モノとヒトのデザイン（空間利用のデザイン），ヒトとヒトのデザイン（社会のデザイン）等，次元別に検討することが求められる（田村［1997］）。

２．つくば市の景観計画

　景観は，自然的要素，歴史的要素，生活文化的要素によって特徴づけられ，生態系への配慮や景観を阻害する要因の除去も重要な検討事項になる（三村［1998］）。地域的なまとまりのゾーニング，地域的な特性や発展経緯を踏まえたゾーニングがあり，管理・所有区域界である公的空間（公的領域）と私的空間（境界領域）を踏まえたデザイン・ポリシーの共有が課題となる（三村［1998］）。

　こうした状況に関して，具体的な対応を，科学技術的な担う施設の誘致があり，筑波山という著名な自然景観・公園地帯をもち，あらたに鉄道が敷設され，今後の展開が注目されるつくば市の景観にたいする取り組みを概観してみよう。

　つくば市は，わが国で初めて景観に関する総合的な法律として制定された景観法（2004年）に基づいて，景観条例を2007年10月1日に全面施行，つくば市景観計画（landscape plan）を策定している。

景観法は，美しく風格のある国土の形成，潤いのある豊かな生活環境の創造，個性的で活力ある地域社会の実現を図ることを主要な目的としている。

　それをうけて，つくば市景観条例では，基本理念や責務，建築行為等の届出対象の規定，景観審議会の設置などを行っている。つくば市景観計画では，つくば市の実情に沿った景観行政の推進，地域の個性をいかした良好な景観の形成を図ることを目的として方針（景観法第8条第2項第2号関係）を樹立（骨格軸別の景観形成方針，ゾーン別の景観形成方針），届出制度に関わる景観形成基準（届出対象行為と建築物，工作物，開発行為の基準），景観重要建造物・景観重要樹木の指定，屋外広告物の表示・掲示・設置等の制限事項，景観まちづくりなどを定めている。

　骨格軸とは，つくば市のシンボルとなる景観を楽しませる道路，河川，眺望などの線的な景観要素であり，筑波山への視線軸，研究学園都市の都市景観軸，桜川などの水辺の景観軸，緑の拠点などを指す。ゾーンとは，都市の成り立ちが醸し出すつくばらしい景観を保全・創造するもので，地形や土地利用の状況，市街地形成の過程などから，ひとつのまとまりとなる景観要素である。

　良好な景観の形成のための行為の制限に関する事項（景観法第8条第2項第3号関係）は，景観形成方針の順守，景観計画区域内における行為の届出と事前相談制度を設けている。届出対象行為（景観法第16条関係：つくば市景観条例第10条関係）は以下のようになっている。

　景観形成基準（景観法第8条第3項第2号関係）は，周辺景観と調和した建

図表20-1　届出が必要な行為

	届出の対象	
建築物の建築	市街化区域	市街化調整区域
	延べ床面積が1,000㎡を超えるもの又は高さが20mを超えるもの	延べ床面積が1,000㎡を超えるもの又は高さが10mを超えるもの
工作物の建設	高さが15m（よう壁にあっては5m）を超えるもの	
開発行為	開発区域の面積が10,000㎡を超える開発	

出所：『つくば市景観計画［概要版］』平成19年10月　8頁.

築・開発を誘導するため，建築物の位置，形態意匠，色彩，材料，敷地の緑化及び外構デザイン，駐車場，屋外照明等について，定められたものである。

ここでは，建築物の屋根及び外壁，屋上設備等の外観の色彩は，できるだけ落ち着いた色彩を基調とし，周辺環境との調和に配慮することになっている色彩について取り上げてみよう。

図表20-2　建築物の外観の色彩基準

色　　相	市街化区域		市街化調整区域	
	明度	彩度	明度	彩度
R（赤）の色相	―	3以下	7以下	2以下
Y（黄赤）R（赤）の色相	―	6以下	―	3以下
Y（黄）のうち5Y（赤）までの色相	―	6以下	―	3以下
Y（黄）のうち5Y（赤）を超える色相	―	2以下	―	1以下
GY（黄緑）G（緑）BG（青緑）B（青）PB（青紫）P（紫）RP（赤紫）の色相	―	2以下	7以下	1以下

出所：『つくば市景観計画［概要版］』平成19年10月　9頁．（色彩基準は，日本工業規格Z8721に定めるマンセル表色系による）

やむを得ず，彩度の高い色彩を使用する場合は，アクセントカラーに使用する程度とし，上記基準を超えない色彩であっても，長大な壁面と腕周辺環境への影響が大きいと判断される場合には，適切な明度・彩度とすることや配色の組み合わせ等により，周辺環境へ配慮することが定められている。具体的なマンセル値が設定されていないが，調整に注力していることの表れであろう。

景観重要建造物又は景観重要樹木の指定の方針（景観法第8条第2項第4号関係：つくば市景観条例第13，14条関係）も定められている。

また，屋外広告物の表示および屋外広告物を掲出する物件の設置に関する行為の制限に関する事項（景観法第8条第3項第5号イ関係）は，禁止物件，禁止地域，許可地域，適用除外となる屋外広告物を定めている。屋外広告物は商業地域等における商業活動やにぎわいの演出等に一定の効果をもつものではあるが，良好な景観の形成が優先されている。

3．エリア・マーケティング

　エリア（area）・マーケティングはわが国固有の呼称，概念，領域である。地域の個別な特性に着目したマーケティングは，あえてカテゴリーを探し出せば，リージョナル（regional）・マーケティングかローカル（local）・マーケティングである。ターゲット・マーケティングを追求していくと，地域の顧客グループのニーズ，ウォンツに合わせたマーケティング・プログラムになる（Kotler [2003]）。

　地域的なセグメンテーションは，セグメンテーション戦略が提示された当初から展開されているもので，最も簡便で明示的である（Smith [1956]）。しかし，行政区画よりは，自然環境の区分がまさり（もっとも，自然環境の区分が行政上の区分と重なっていることも多い），吸引モデルの検討は地域特性（個別性）のウェイトが高くなりがちになる。

　わが国は，均質なニーズをもつ市場とみなされてきたが，関東と関西のダシの違いや食習慣の違いなどはよく知られている。地域ごとに個性ある食品があり，伝統ある商品が残っている。これらに関するプロモーションは，エリア・マーケティングの領域であり，ターゲット・マーケティングのマイクロ・アスペクトでもある。しかし，地方都市は，没個性化して，どこの駅前も大きな差異は見られないようになっている。全国展開の店舗が立地し，敷地を最大限に活用するために駅前の整備のパターンも類似化するが，ペデストリアンデッキの形状の違いがわずかにあるくらいである。

　コンビニエンス・ストア，ドラッグ・ストアなどの小売店舗の既出店のマッピングや新規出店のためのロケーション・ハンティングなども，エリア・マーケティングのカテゴリーで論じられ，GIS（geographic information system）マーケティングとして進展を見せている。

　地域自体をブランド化し，特定のイメージが想起される地名（たとえば，神戸，横浜などの異国情緒）のブランドを付した製品も出回っている。

4．非営利組織のマーケティング・コミュニケーション ◇◈◈◈◈

　都市には多くの非営利組織（Non-profit Organization＝NPO）が存在する。非営利組織とは，営利の追求を存立基盤としない組織で，政府・地方公共団体，美術館，博物館，学校，病院，教会，非政府組織（Non Government Organization）等が該当する。非営利をコンセプトとしながらも，民間組織もあり（私立大学，私立病院など），公共的な性格（公益性）を有しながらも営利も追求する組織もある（国有の輸送機関，消費生活協同組合など）。

　広義には，公共団体や民法34条に基づく公益法人が担う，非営利志向組織，いわゆる公共組織（法人税非課税）だけが，NPOのカテゴリーではない。[3]

　非営利組織のミッションは，不特定多数のニーズに対応するわけではなく，公共政策，文化政策から，設定されている。満足度の低いオファリングになったままのところがある可能性もある。

　提供される製品・サービス（オファリング）は，非営利組織では，変更が簡単ではないため，固定的になりがちである。逆に，市場のニーズがなければ，営利組織では，固定的，継続的にオファリングが提供されることはない。利用者は，Web上で美術館や博物館などの展示に関して，意見を発しているケースもあるが，情報発信の効果を慮ってか，あるいは情報収集・分析を事業遂行の生命線と考える営利組織によるオファリングほど活発とはいえない。

　価格設定も，競争・競合関係が不明確な非営利組織の場合，ニーズに対して

図表20-3　非営利組織のマーケティング活動

	非営利組織のマーケティング	営利組織のマーケティング
利用者情報	収集困難	多様な収集
利用者ニーズ	需要なし，負の重要	探索して発見，顕在
製品・サービス	固定的	柔軟性
価格設定	硬直的，不適切な場合あり	競争により適正化
プロモーション	限られた展開	多様な展開

出所：Kotler and Andreasen［1991］pp.28-29.（一部修正，省略）

硬直的で安価とはいえないケースもある。

　プロモーションは，非営利組織の場合，積極的ではないケースもあるが，販売を全面に押し出しづらいなど制約も少なくなく，集客のための展開のパターンも限られている。

　アーツ（arts）においても，企業ベースのマーケティング手法が援用される。アーツの鑑賞者のニーズや行動を，提供側である，美術館や博物館，あるいはコンサート・ホールは把握する必要があり，アーツ・マーケターはリサーチを行い，ターゲットを明確にし，ロイヤルティを高める努力を払わなければならない。これは，アーツ・マーケティングとしてひとくくりにされている（Berstein [2007]）。

　ホスピタリティ，利用者満足，あるいはコミュニケーションと意思決定などが論議されるようになっている（大堀他［2001］）。

　しかし，たとえば，ミュージアム・ショップの活性化だけが，アーツ・マーケティングではない。TDRは思い出を確固たるものにするためにお土産に力を入れているが，ショップでの買い物は経験とリンクされて，利用へのロイヤルティにつながることが推察される。単なる，個性や背後のストーリィのない物販（物品販売）や簡便さが行き過ぎた飲食サービスの提供では，高い満足感は得られない。

　アーツ・マーケティングにおいても，利用者との対話を行い，サービスの内容やレベルを方向付けていくためには，ターゲットとのコミュニケーションが重要になる。

　アーツ関連のイベントでは，利用者の範囲が広いため，利用者に対する教育，啓蒙活動，情報提供も必要になる。

　また，日本国有鉄道が分割民営化され，帝都高速度交通営団が民営化され東京地下鉄に衣替えした。電話，電気，ガス，水道などとともに，公共性が高く，安全，快適なオファリングが期待されている。現実にはグリーン車や特急電車など，運賃のほかに料金を支払う仕組みになっているが，公平無私なオファリングが企図されている。

そのコミュニケーションの方法は，広告のほか，コンタクトパーソンやシステムの使い勝手，建物や電車のデザイン，スタンプラリーなどのイベント，ダイヤ改正や電車の愛称募集や行楽関係のパンフレットなど多様である。

　2008年に日経広告賞優秀賞を受賞した東海旅客鉄道の新聞広告の，タイトルは「スムース。」。「「スムース」。これが，これからの新幹線のコンセプト。」（2008年2月20日），「あたらしいダイヤで，あなたに「スムース」という品質を。」（2008年3月15日）というヘッドコピーを入れて，N700系の画像を示し，大増発をアピールしている。

　また，2009年3月14日のダイヤ改正では，「マイ・ペース　マイ・スペース」をタイトルに，N700系車両の画像を大写しにしている（2009年3月14日）。

注
1）たとえば，有楽町のマリオン・フィーバー；1984年10月6日に，有楽町西武と有楽町阪急がオープン，終日満員で，28,000㎡の店舗に25万人が訪れ，当時の売上高は5億円に達した。しかし，業態的衰微，運営主体の合併等による合理化等の事情で，2010年12月に有楽町西武は閉店となった。
2）商業集積は，一定のコンセプトの下，ターゲットを明確にした計画的なものと自然発生的なものがある。大型小売店舗と周囲の商店街や小型店舗との共存は，大型店舗を規制する形で模索されてきた。価格訴求力やワンストップ・ショッピング性，文化性や情報発信性などに勝る計画的大型小売店舗は一定数の小型小売店舗を駆逐したが，大型化で商圏が重なるようになった大型商業集積同士の競合の問題は解消されていない。
3）公益法人は，収益事業以外は非課税。収益事業の法人税は軽減税率を適用（30％→20％），1998年制定のNPO法（特定非営利活動促進法）による，保健・医療・福祉などの17分野のNPO法人は，収益事業以外は非課税である。

参考文献
Bernstein, Joanne Scheff [2007] *Arts Marketing Insight*, Wiley.
Gillham, Oliver [2002] 'Regionalism,' in edited by Eugenie L. Birch [2009] *The Urban and Regional Planning Reader*, Routlege.
Kotler, Philip [2003] *Marketing Management*, Prentice-Hall.
——and R. E. Andreasen [1991] *Strategic Marketing for Nonprofit Organization*, Prentice-Hall.

Pacione, Michael [2009] *Urban Geography*, Routlege.
Rasmussen, Steen Eiler [1951] *Towns and Building*, MIT Press.(横山正訳 [1993]『都市と建築』東京大学出版会)
Ross, Catherine L. and Nancey Green Leigh [2000] 'Planning, Urban Revitalization and Inner City: An Exploration of Structural Racism,' in edited by Eugenie L. Birch [2009] *The Urban and Regional Planning Reader*, Routlege.
Smith, Wendel R. [1956] "Product Differentiation and Market Segmentation as Alternative Marketing Strategies," *Journal of Marketing*, July, pp.3-8.
赤瀬川原平他編 [1986]『路上観察学入門』筑摩書房
酒井光 [2006]『窓から読みとく近代建築』学芸出版
田村明 [1997]『美しい景観をつくるアーバンデザイン』朝日新聞社
博報堂生活総合研究所 [1985]『タウン・ウォッチング』PHP
藤森照信・増田彰久 [1999]『看板建築』三省堂
三井和也 [2003]『カタチの歴史』新曜社
三村浩史 [1998]『地域共生の都市計画』学芸出版社
大堀哲他編 [2001]『ミュージアム・マネージメント論』東京堂出版

第21章 関係性管理時代のコミュニケーション

1. CRM

　CRM（Customer Relationship Marketing）は，顧客との継続的な（取引）関係の構築・維持を目指すマーケティング戦略を表す（Winer [2001]）。

　これまでのマス・マーケティング，戦略的，競争的マーケティングとの相違は，インタラクション（interaction：相互作用）を通じて価値を共創することにある。取引型マーケティングでは，関係性マーケティングのような長期的，反復的，継続的視点はないとされる（Jackson [1985]）。

　データベースを活用した，1対1で，顧客との親密な関係を築くことに重きを置くため，ワン・ツー・ワン（one-to-one）（121）・マーケティングとよばれることもある（Peppers and Rogers [1993] [1997]）。

　ワン・ツー・ワン企業の戦略マップとして，顧客の価値（コミュニケーションの柔軟性），顧客のニーズ（生産・提供方法の柔軟性）を共に高めれば多様性の追求となり，デル（Dell）の顧客とデルの能力がこれに該当する（Peppers and Rogers [1997]）。日用品であっても，カスタマイズし，コア・プロダクトから，プロダクト・サービスのバンドル（組み合わせ），拡大するニーズ・セットを想定して対応していかなければならない（Peppers and Rogers [1997]）。

　顧客維持の背景には，新規顧客の獲得には限界があり，新規顧客の獲得コストは顧客維持コストよりは高く，顧客離脱を防ぐことが収益に結びつくことが検証されている（Reichheld and Sasser [1990]）。平均すると，企業は毎年10%の顧客を失い，顧客の離脱を5%減らせば，収益は25〜85%増加する（Reichheld [1996]）。

顧客を維持できれば，生涯にわたって販売（収益）（＝生涯価値：lifetime value）がみこめる。こうして，顧客情報を制する企業が市場で勝ち残ることができ（Bessen [1993]），顧客は資産（customer equity）としてみなされるようになる（Blattberg and Deighton [1996]）。

　一方で，購買情報を把握され，管理されることへの抵抗感，差異は乏しいものの頻繁な囲い込みのアプローチ等によって，関係性の構築という視角に疑問も投げかけられている（Fournier [1998]）。共感を得るには，哲学，心理学，コミュニケーションをはじめとした学際的な研究，短期的な視野に陥らないことが求められる（Fournier [1998]）。

２．関係性マーケティングの領域

　販売後の管理の重要性はかねてより指摘されてきたが（Levitt [1983]），関係性マーケティングの発展は，関係性や長期的視野が重んじられてきた生産財（産業材）市場と事前評価が難しく利用後も評価し難い分野であるサービス財を基軸に進化を遂げてきた。

　生産財は購買センターなどを中心に，大量で反復的な購買を行うが，専門的な知識も有し，合理的で計画的でもある（Kotler [2003], Webster and Wind [1972]）。価格交渉，納期，適正な品質をもとに，信頼性の観点から商談が進むことになる。

　サービス財は，信頼財である。多くの場合，利用者がサービスを生みだす段階で参加するものの，利用後は元に戻すことが不可能なものも多いため，信頼が獲得されると，反復利用につながることも多い。利用中のサービスからの離脱には，新たなリスクを伴うことを想起させる側面もある。

　コア・サービスからサービスの範囲を拡大しながら関係性を構築すべくマーケティング努力が傾注されるが，サービス提供に携わるコンタクト・パーソンの果たす役割も一層拡大する（Berry [1995]）。

　こうした論議は有形財のマーケティング戦略からそのコンセプトや手法を援

図表 21-1 市場シェア戦略と顧客シェア戦略の比較

市場シェア戦略	顧客シェア戦略
一つの製品をできるだけ多くの顧客に売る	一人の顧客のできるだけ多くの製品を売る
競合者との製品上の差異	互いに差異のある顧客
顧客への販売	顧客との共創（collaborate）
継続的な新規顧客の発見	既存顧客からの継続的な新規事業の発見
ブランド構築，製品告知にマスメディア利用	個々のニーズを確定し，コミュニケートするための双方向コミュニケーション

出所：Peppers and Rogers［2004］p.15.

用しようとすることにつながるが，市場全体のシェアよりも顧客の生涯シェアの向上が目標，テーマとなる。顧客シェアは，図表21-1のような対比で，その特性が明瞭になる。

3．顧客の差異化

　RFM（Recency, Frequency, Money）分析に基づき，顧客は企業への関与，貢献に基づき類型化される。ランクに応じて，ダイレクトメールや電子メールの内容が異なり，提供サービスも異なる。
　顧客の進化は，次のように表せる。

図表 21-2　顧客の進化の梯子

可能性ある客 ➡ 見込み客 ➡ 初めての客 ➡ リピート客 ➡ クライアント ➡ メンバー ➡ 信奉者 ➡ パートナー

出所：Kotler［2003］p.23.（一部，省略）

　当初は，顧客の階層は，見込み客から信奉者までであったが，一層，企業の行動をフォローするパートナーが加わっている。顧客の好意的な情報の発信や販売の拡充への貢献などの活動が企業のプロモーションと一体化しているからこの名がある。

TDL，TDS の来園者はリピーターが9割強といわれるが（たとえば『週刊東洋経済』2010/01/07），彼らの行動は来園者を増やし，肯定的で魅力的な情報を発信していることが多く，プロモーションにも素早く好意的に反応して，パートナーといっても過言ではないくらいである。

　顧客は平等な使いを図るのが近代的な商慣習であったが，競争的な市場環境下で，企業が収益を重んじて生き残りを図っているため，差異的な対応に異論が挟まれないような環境が形成されている。

　マス・カスタマイゼーション（mass customization）は，顧客別に高い価値を効率的に提供するために考案された手法である（Gilmore and Pine Ⅱ [1997]）。しかし，個別対応と効率性訴求は二律背反であり，その克服のために，迅速性，低コスト性，継ぎ目なし（seamless）で摩擦なし（frictionless）が提唱されて，顧客からのフィードバック情報を継続的改善活動に取り入れることが説かれていた（Pine Ⅱ [1993]）。

　これをふまえ，さらに戦略的視点から，製品と製品の表現を変更させるか否かで，4つのアプローチが唱えられている。

　深層型（transparent）………標準仕様製品の形態を表現（カスタマイズの秘匿）
　適応型（adaptive）…………照明装置のように顧客が製品の演出を調整
　共創型（collaborative）……パリー・ミキのように製品，表現をともに変更
　表層型（cosmetic）…………製品パッケージだけを変更（特別誂えを装う）

図表21-3　マス・カスタマイゼーションの4つのアプローチ

	製品表現の変更なし	製品表現の変更
製品変更	深層型	共創型
製品変更なし	適応型	表層型

出所：Gilmore and Pine Ⅱ [1997] p.95.

　こうしたアプローチは単独で成り立つのではなく，効果的に組み合わせて用いられることが肝要になる（Gilmore and Pine Ⅱ [1997]）。顧客はいつも同じアプローチしかしない手法に反応せず，顧客一人ひとりの利用・消費の状況を想

定した柔軟なアプローチ，インタラクションが求められているといえよう。

いずれにせよ，顧客から企業行動の方向性を学び，顧客ニーズを把握して対応するスタイルの重要性は依然として高いが，パーミッション・マーケティングのような（Godin［1999］）顧客に対する関係づくりのルールを明確にし，順守していくことが重要になる。

4．学習する組織のコミュニケーション

市場競争に勝ち残り，存続していくゴーイング・コンサーン（going concern）としての企業だけでなく，対価を求めずオファリングを行う非営利組織も，ステークホルダーから学ばなければ，イノベーションは起こらない。

組織上の学習とは，行動に影響を与える知識や洞察を刷新し展開することである（Slater and Nerver［1995］）。市場の情報を分析して学ぶという視角（市場志向）としても論じられてきた（Sinkula［1994］）。しかし，組織の外部環境を学ぶことに関して，情報入手に限界があり，曖昧さや解釈上の幅が生じることは回避できない（Sinkula［1994］）。

組織上の学習は，適応的な側面と創造的な側面を併せ持ち，環境適応は戦略的視点から論じられてきたところであるが，創造的な側面は既存の枠組みの打破や新たな視点からの事物の統合を示唆している（Slater and Nerver［1995］）。行動面の学習はマーケティングやプロモーションに向けられてきたが（Rothschild and Gaidis［1981］），組織上の学習は包括的な視線の上に成り立っている。

アンラーニング（unlearning）は，学ばないということではなく，学んだことをいかに捨てさるかであり，自己否定，未知の分野にチャレンジする冒険心ともいうべきベンチャー・マインドである（村田［1987］）。

学び直し（relearn）とともに，時代遅れや効果が乏しいものに関してアンラーニングが重要になる。柔軟な適応力をなくさないためにも，交差学習（cross learning）も欠かせないが，変わることを知ることが組織に求められている（Aubrey and Cohen［1995］）。

企業組織全体が消費者の心を揺り動かす製品を生み出していこうとするイノベィティブなマーケティング行動が求められている（村田［1987］）ことも再認識しなければならない。市場からくみ取れる情報，消費者の思いや声（あるいは広く，ステークホルダーのニーズ）を聴きとめ，素早く対応していくことが，組織の成長・発展のためには不可欠である。

　そうした行動のボトムラインは，法令の順守である。求められた情報を適切なタイミングで発信し，説明責任（accountability）を果たし，共有されたルールのなかで，競争し成長していく仕組みを市場から学ぶことになる。[1]

　次のレイヤーは，業界や自社の自主ルールとの照合，軌道チェックである。

注

1) たとえば，資生堂は2006年4月から組織改革を行い，商品開発からコミュニケーション戦略までカテゴリーとして一貫して責任をもつ8つのSBU（strategic business unit：戦略事業単位）を設け，メガブランド構想で事業展開している。

参考文献

Aubrey, Robert and Paul M. Cohen [1995] *Working Wisdom*, Jossey-Bass.（小林薫訳［1996］『「考える組織」の経営戦略』PHP研究所）

Baron, Steve et al. [2010] *Relationship Marketing*, Sage.

Bessen, Jim [1993] "Riding the Marketing Information Wave," *Harvard Business Review*, September-October, pp.150-160.

Berry, Leonard L. [1995] "Relationship Marketing of Services: Growing Interest, Emerging Perspectives," *Journal of the Academy of Marketing Science*, 23-4, pp.236-245.

Blattberg, Robert C. and John Deighton [1996] "Manage Marketing by the Customer Equity Test," *Harvard Business Review*, August-September, pp.136-144.

Fournier, Susan et al. [1998] "Preventing the Premature Death of Relationship Management," *Harvard Business Review*, January-February, pp.42-51.

Gilmore, James H. and B. Joseph Pine II [1997] "The Four Faces of Mass Customization," *Harvard Business Review*, January-February, pp.91-101.

Godin, Seth [1999] *Permission Marketing*, Simon & Schuster.

Jackson, Barbara Bund [1985] "Build Customer Relationships that Last," *Harvard Business Review*, November-December, pp.120-128.

Kotler, Philip [2003] *Marketing Management*, Prentice-Hall.
Levitt, Theodore [1983] "After Sales Is Over," *Harvard Business Review*, September-October, pp.87-93.
Peppers, Don and Martha Rogers [1993] *The One to One future*, Doubleday.
――[1997] *Enterprise One to One*, Doubleday.
――[2004] *Managing Customer Relationships*, Wiley.
――et al. [1995] "Do You Keep Your Customers Forever?" *Harvard Business Review*, March-April, pp.103-119.
Pine, B. Joseph [2003] *Mass Customization*, Harvard Business Review Press.
Reichheld, Frederick [1996] *The Loyalty Effect*, Harvard Business School Press.
――and W. Earl Sasser [1990] "Zero Defections: Quality Comes to Services," *Harvard Business Review*, September-October, pp.105-111.
Rothschild, Michael L. and William C. Gaidis [1981] "Behavioral Learning Theory : Its Relevance to Marketing and Promotions," *Journal of Marketing*, Spring, pp.70-78.
Sinkula, James M. [1994] "Market Information Processing and Organizational Learning," *Journal of Marketing*, 1, pp.35-45.
Slater, Stanley F. and John C. Nerver [1995] "Market Orientation and the Learning Organization," *Journal of Marketing*, 3, pp.63-74.
Webster, Frederic E. Jr. and Yoram Wind [1972] "A General Model for Understanding Organizational Buying Behavior," *Journal of Marketing*, April, pp.12-19.
Winer, Russel [2001] "A Framework for Customer Relationship Management," *California Management Review*, Summer, pp.89-105.
村田昭治[1987]「ターゲット・コンセントレート・マーケティング」『ターゲット・マーケティング』誠文堂新光社，10-23頁

おわりに

　プロダクト（ブランド）・デザインから，市場での交換を促進，助成する多様な要素から成り立つプロモーション・デザインにマネジメント，戦略の視野が広がり，マーケティング・コミュニケーションのデザインの構築が模索される。

　マーケティング・コミュニケーション（マーコム）は，広告，SP，イベントや経験，パブリック・リレーションズとパブリシティ，ダイレクトマーケティング，インタラクティブ・マーケティング，WOMマーケティングなどから構成され，ターゲット・オーディエンスを明確にし，チャネルや予算などのコミュニケーション・プログラムを編成，結果を測定する（Kotler and Keller[2009]）。マーコムの効果はリアクション（売上高，イメージ向上，株価の安定など）として分析され，次期の修正に活用される（Kitchen[1999]）。

　マーコムが効率的，効果的であるためには，ターゲット・オーディエンスが明確で，どのようなメディア（チャネル）であれ，ターゲット・オーディエンスの特性に応じたアプローチ・管理（広告管理の5M：ミッション，マネー，メディア，メッセージ，メジャメント）が求められる（Kotler and Keller[2009]）。差異の識別，記号（化されたメッセージ）の，受容，理解は想定されたターゲット以外では，興味・関心，知識，判断材料（情報）などの点で乏しく，難しい。

　ブランドは，アイコン，イメージ，パーソナリティなどを通じたコミュニティ，エクイティ，ロイヤルティ，ポジショニング，アイデンティティ，拡張，関係性，文化性などをめぐるブランド・システム，戦略として，顧客価値の創出にかかわる（Heding et al.[2009]）。しかし，ブランド価値はターゲットですらメッセージの送り手の意図は曖昧にしか伝わっていない可能性が高い（「クリームみたいな石けん」（花王石鹸ホワイト http://kao.co.jp/white/）の「青箱ホワイト・フローラルの香り」と「ピンク箱アロマティック・ローズの香り」は，後者が香りが強いことの他には大きな差異がないが，消費者にはパッケージの色合いの好みも加えても，大きな意味をもたない可能性もある）。市場拡大・

図表　情報処理と経験

	情報処理	経験
プロダクト	客観的特徴，有形のベネフィット	主観的特徴，象徴的ベネフィット
刺激特性	言語	非言語
タスク	問題解決	快楽的反応
認　知	記憶，知識構造，信念，思考生成	潜在意識，想像，空想，自由連想
情　動	態度，選好	感動，感覚
行　動	購買，購買意思決定，選択	使用，消費経験，活動

出所：Heding et al.［2009］p.174.（一部，省略）

企業成長を企図するため，想定されたターゲット以外の層にアプローチを図るブランドの危機も論議されるようになる（Thomas［2007］）。

　消費者は，客観的な情報処理の担い手であるだけでなく，情緒面も少なからず影響力をもつ経験（現象学：phenomenological）重視の側面がある。多面的な消費者には，メディア（チャネル）の個性を生かしたマルチ・コンタクトで対応していくしかない。いずれかの接点で，情報を発信して（たとえば，2011年4月から負担が始まる「太陽光発電促進付加金」に関して），理解の促進を図ることになる。それは，個別に見ると，極めて効率の悪い，高コストの存在を許容することも意味している。対費用効果，コスト優先か，ミッション優先かの二者択一的な選択肢しか用意できなければ，マーコムの進化は期待薄である。

　マーコムに新たに大きな影響を与える要素として，ソーシャル・メディア（social media；blogs，ソーシャル・ネットワーキング・サイトのFacebook，ソーシャル・コンテンツ・サイトのYou Tube，ソーシャル・リコメンデーション・サイトのDigg，ソーシャル・ブックマーキング・サービスのGoogle Mapsなど）とウェブ・サイト（web sites）があげられる（Smith and Zook［2011］）。ソーシャル・メディアはインバウンド（inbound）・マーケティングであり，オフラインのコミュニケーション・ツールをオンラインのアウトバウンド（outbound）・ツールに統合させる必要がある（Smith and Zook［2011］）。

　インバウンド・マーケティングは伝統的スタイルで，企業が消費者に一方的

にメッセージを発信し，購買を促すものであり，アウトバウンド・マーケティングは逆に消費者が使用状況や製品評価などを消費者に発信し，情報共有する仕組みを想定している。信頼感や公平性では後者が勝るとされる。

ソーシャル・メディアが自己表現の要素を強め，消費者は自分の意見や経験によって他の消費者に影響を与えることが簡単になっている。ソーシャル・メディアは低コストで活用でき，中立性が確保されれば，将来の媒体として有望である（Kotler, Kartajaya, and Seitiawan [2010]）。

マーコム・デザインはさらに，一定の社会グループ（クラス・デザイン）を対象として拡大していく（ソーシャル・コミュニケーションの展開）。環境配慮（1990年のボルボの広告「私たちの製品は，郊外と騒音と廃棄物を生み出しています。」等）やストレス・フリーや社会的価値やコンセプトの再認識・主張（2006年資生堂TSUBAKI「日本の女性は美しい。」等）を，プロダクト（オファリング）の洗練化を通じて実現していくことも求められるようになる。

2011年3月11日の東日本大震災により，大きな被害が発生し，風評被害も生じ，危機管理への対応，メンタルケアの重要性などが論議されている。

本書で取り上げたTDRでは，安全点検，電力使用制限や駐車場の液状化への対応などで一定期間の休園を余儀なくされたが，団体客の激減もあり開業以来の初の営業赤字（4〜6月期：最終損益38億円の赤字，前年同期は130億円の黒字：売上高は前年同期比43%減少の485億円）となった（『日本経済新聞』2011年8月5日）。140億円を投じた新規事業（滞在型リゾートの展開）「シルク・ドゥ・ソレイユ　シアター東京」（2008年秋開業）が2011年末で打ち切られ，料金を上げてもこれまでは入園客数を伸ばしてきたが（BIG10のようにアトラクションの料金が別個に設定されていた時代もあったが，1992年度に4400円から4800円，96年度に5100円になり，97年度をへて，2000年の5500円，2006年度5800円，2011年4月23日から6200円：1デーパスポート，18歳以上），震災後の低迷で，期間限定，地域限定，学生限定，職域限定などの多様な割引を実施する事態となっている（諸策が奏功して2011年の夏季の入場は好調）。

景気低迷，円高，少子高齢化などに伴う閉塞感もあり，余暇時間の過ごし方の変化の方向性は読みにくいが，ダウンスロープを見据えたマーコムのあり方が課題として浮かび上がっている。

　コア・ターゲットへの対処と新規顧客の開拓を同時進行させる取り組みは簡単ではないが，一方だけに偏りすぎる施策は，長期成長の実現を図る観点からは棄却される。事業領域の成長度や競合度合い，戦略的投資対象などをもとに両者のウェイト付けがなされ，それが組織の個性を明確にすることにつながる。次世代DVD規格競争において，東芝のHD DVD市場からの撤退（の発表；2008年2月）が好感され，株価の上昇につながるように（オリエンタルランドも同様の状況にあり，震災後から回復し，8月末で8,000円台に迫る動きにある），単眼的価値観での市場行動の評価は，包括的な進路を見誤らせることにもなりかねない。眼下の問題と長期視野の課題を組み込んだマーコムのデザインが引き続き求められていくことになる。

　一方で，都市の政策・管理で用いられる，成長管理の視点も欠かせない。成長管理は成長の限界を見据え，規模の拡大だけを志向しないことである。デ・マーケティングの思想にも通じるものである。一定の規模や領域を超えると，新たなパラダイムに対応をゆだねるのが基本である。学際的に多くの成果を取り組んでいるマーケティングではあるが，基軸の課題や概念を忘却しては，存立意義が不明瞭になる。

参考文献
Heding, Tilde et al. [2009] *Brand Management*, Routledge.
Kitchen, Philip J. [1999] *Marketing Communications*, International Thomson Business Press.
Kotler, Philip, Hermawan Kartajaya, and Iwan Seitiawan [2010] *Marketing 3.0*, John Wiley and Sons.
Kotler, Philip and Kevin L. Keller [2009] *Marketing Management*, Prentice-Hall.
Smith, Paul R. and Ze Zook [2011] *Marketing Communication*, Kogan Page.
Thomas, Dana [2007] *Deluxe: How Luxury Lost Its Luster*, Penguin Books.（実川元子訳 [2009]『堕落する高級ブランド』 講談社）

索　引

あ　行

アーツ・マーケティング　164
アイスクリーム　17
アカデミック・マーケティング　44
アクセシブル・デザイン　129
アフォーダンス　128
誤ったポジショニング　112
暗号　3, 4
アンラーニング　171
イナーシャル戦略　97
インヴォルブメント　144
インタラクティブ・マーケティング　57
ヴァーティカル・シンキング　90
ヴァーティカル・マーケティング　90
ヴィジュアル・アイデンティティ　50
ヴィジュアル・コミュニケーション　49
ヴィジュアル・マーチャンダイジング　50
AR　83
SERVEQUAL　137
SWOT分析　96
エモーショナル・デザイン　67
エリア・マーケティング　162

か　行

価格　64
環境基本法　148, 149
環境コミュニケーション　150
環境ラベル　151, 152
関係性　120
感染型製品　58
慣用色名　40
記号　25, 26
キャラクター　19, 113
競争的価格設定　65
競争優位　15

クラス・メディア　78
景観　159
計画的陳腐化政策　114
経験価値　67
経験管理　140, 141
系統色名　41
検索連動型広告　81
コーズリレーテッド・マーケティング　153
コア・コンピタンス　104
広告　76, 77
広告表現　79
攻撃行為　94
行動ターゲティング広告　82
顧客維持　167
顧客シェア戦略　169
顧客の進化　169
コノテーション　26
コミュニケーション　1, 2
コミットメント　81
コモディティ　20, 94
コンタクト　80
コンヴァージョン率　81

さ　行

サービス　133
サービス・クオリティ　136
サービス・マーケティング　135
差異　13
参照価格　65
CRM　167
色彩　33, 161
市場シェア戦略　169
資生堂　16, 172
循環型社会形成推進基本法　149
使用回避のフレーズ　49

消費者　174
消費社会　9
消費スタイル　9
情報処理と経験　175
商標法　19, 20
新幹線500系　21
シンボル　113
スキミング・プライス　65
スローガン　20, 113
スター　101, 103, 104
ステルス・ポジショニング　71
セールス・プロモーション　121
成長管理　155, 177
精緻化見込モデル　61
製品　20, 21, 24
説得　46
選択的投資　103
ソーシャル・メディア　176

た　行

多角化　107
WOM　58
チョコレート　18, 19
TDR　140, 142, 162, 176
TDS　141, 142, 167
TDL　141, 142, 167
デザインの構成原理　38
デジタル・サイネージ　82
デノテーション　26
デファクト・スタンダード　29
デ・マーケティング　87
デフェンシブ・マーケティング　97
トータル・ヴァリュー・ポジショニング　56
都市　157
ドミナント・デザイン　125, 126
トレード・ドレス　119
トレード・マーク　118, 123
トヨタ自動車　116, 117
ドメイン　105

な　行

7C　57
7P　138
日産自動車　111
ニッチ市場　99
認知的不調和　62
ネーミング・ライツ　118
ネットワークの外部性　30, 31
ノイズ管理　2

は　行

配色　36, 37
パッケージ　113
パッケージング　119
パリティ戦略　97
バンドリング　90
PB　122
PLC　70
PPM　101
非営利組織　163
比較広告　48
ビジネス・スクリーン　102
標準化　29
ファースト・ムーバー・アドバンテージ　27
ブランド　13, 109, 111
ブランド・アイデンティティ　114
ブランド・エクイティ　112
ブランド戦略　110
ブランド・ネーム　113, 116, 122
ブルー・オーシャン戦略　98
ブレイクアウェイ・ポジショニング　72
フレーミング　46
フレーム　13
ブロガー　82
プロダクト　124
ペネトレーション・プライス　65
防衛行為　93
ポジティブ戦略　97

補色　34
ポジショニング　95, 110, 112
ポストモダン・マーケティング　30

ま 行

マーケット・チャレンジャー　72
マーケット・ニッチャー　72
マーケット・フォロワー　72
マーケット・リーダー　72
マーケティング・タスク　85
マーケティング・マイオピア　106
マーコム　54, 55
マーコム・スペクトラム　63
マス・カスタマイゼーション　170
ミネラル・ウォーター　17
マンダム　15
無印良品　110

や 行

USJ　140, 142, 143
ユーザー・インタフェース　130

ら 行

ライフスタイル分析　73
ライフスタイル・セグメンテーション戦略　74
ラテラル・シンキング　88
ラベリング　120
ランチェスターの法則　74
リーダーシップの法則　27
離間　85
リターディング戦略　97
リドル・ストーリー　6
リバース・ポジショニング　72
リポジショニング　95, 99
リレーションシップ　120
ロゴ　119
ロゴ・マーク　113

わ 行

和菓子　145, 146

著者紹介

岩本　俊彦
早稲田大学商学部卒，早稲田大学大学院商学研究科博士課程後期修了
現在　東京情報大学総合情報学部教授
マーケティング・プランナー；消費生活アドバイザー
商品開発・管理学会理事

著書
[1993]『マーケティング競争論』学文社
[2004]『環境マーケティング概論』創成社，他
共著
[2007]『商品開発・管理入門』中央経済社，他
共編著
[1997]『バリュー・クリエーション・マーケティング』税務経理協会
[1998, 2003]『マーケティング用語辞典』白桃書房
[1999, 2007]『流通用語辞典』同文館

マーコム・モード論　Marcom Mode

2011年10月15日　第1版第1刷発行

　　　　　　　　　　著　者　岩　本　俊　彦
　　　　　　　　　　発行者　田　中　千津子
　　　　　　　　　　発行所　㈱　学　文　社
　　　　　　〒153-0064　東京都目黒区下目黒3－6－1
　　　　　　電話（03）3715-1501㈹　振替 00130-9-98842
　　　　　　　　　http://www.gakubunsha.com

落丁・乱丁の場合は，本社にてお取替します　　印刷／新灯印刷㈱
定価は，カバー，売上カードに表示してあります　〈検印省略〉

ISBN 978-4-7620-2176-3
© 2011 Iwamoto Toshihiko Printed in Japan